पंचतंत्र कहानी
COLOR

विवेक कुमार पांडे शंभुनाथ

ISBN 979-888555687-3

Disclaimer : During Writing This Book No character & No religious , No Relation Members Are Harmed. It's Only For Study & Entertainment Purpose. Do Not Take Seriously. Short Biopic Written In This Book Written By Mr Vivek Kumar Pandey.

क्रम-सूची

क्रम-सूची

प्रस्तावना

इस किताब में पंचतंत्र की कहानियां है, पंचतंत्र की कहानी सभी लोग पसंद करते ही है. इस किताब को लिखने के दौरान कोई भी धर्म और कोई भी व्यक्ति को नुक्सान नहीं पहुंचाया गया है ओर इस किताब को लिखा है श्री विवेक कुमार पांडे शंभुनाथ जी ने.। उन्होंने 12 साल की उम्र में 250+ से ज्यादा किताबें लिखकर इतिहास रच दिया. उनको Youngest Writer Award से भी सम्मानित किया गया.

भूमिका

Author biography in English :MY NAME IS VIVEK KUMAR PANDEY . I WAS BORN IN 30 SEP 2002,I AM FROM SURAT GUJARAT INDIA.MY DREAM WAS TO BE GOOD WRITERS ,MY FAMILY SUPPORTED ME TO SUCCESSFUL AND I CAN DO IT MY SELF.How do I write? That is a question, I believe, that can be honestly answered by me."CELEBRATING YOUNGEST WRITER AWARD WINNER IN GUJARAT 1ST RANK" MR PANDEY JI . I may think I did a good job writing something . The reader is the one who decides the quality of my writing. I do find writing to be natural to me and therefore find it to be a real challenge. My trick as a challenged writer is to do the best I can and know that I am happy with the final outcome. It may take a while to do my best and there may be quite a few problems I run into along the way.

I am not a greedy person those who are thinking about me and my self I never tried it anyone people suffering from sadness ,I trying to get promoted people suffering from happiness and joy in your Life Time. Now in current situation in India and also world people are unemployed and have no many but our indian governor help to people to get free food from ration card , i also take part in leadership team ,i am Motivational speaker , Film script writer. There was my two dream firstly writer and secondly actor & also my own film is upcoming soon i done almost completely completed script for my film .I AM GOING TO SAY WORD OF HEART TOUCH OUT PLEASE READ IT" , firstly i thanks my father he supports me in this field they always getting inspired me by own his words and behavior ,they always said that he was a biggest person in the world in future and also they purchase fruit and chocolate for me in anytime & anyway , firstly my father buy him then call me Vivek you want a chocolate i will say yes papa but how many tell me ,papa: you tell me how much i buy him i told 1 or 2 chocolate but my father purchase whole the boxes of chocolate and they get suprised me. MY FATHER WAS BORN IN " 20 SEPTEMBER" 1971 IN INDIA.

1) MY FATHER FAVORITE CLOTHES IS KURTA PAIJMA AND ALSO STYLES SHOE

2) FAVORITE SINGER IS KISHORE DA

3) FAVORITE STATE GUJARAT AND KOLKATA , HIS VILLAGE IN BIHAR

4) FAVORITE COLOR BLACK AND WHITE

THEY ALSO LOVE cricket like IPL and one day t-20 .they also like watching a News daily and heard the song daily ,they also interested in tik tok video but in current time tik tok is banned in india but also few videos are in you tube. In lockdown time my family and me very enjoy day daily. my father play daily ludo with his sister and son, daughter.they always loved tea and coffee anytime call me "। विवेक थोड़ा चाय बनाओना विवेक तुम्हारे हाथ का चाय अच्छा लगता है". I make it tea for my father but some reason after the April to june they are suffering from fever and cough , weakness on 6 June 2020 my father death. they not told me say bye bye his life. After death of 6 June on 10 june my mom and dad anniversary.but my father is Best in the world they can do anything for me please take care of father and respect it of your parents.

1

पाठ : 1 अक्लमंद हंस - पंचतन्त्र' कहानियां

पाठ : 1 अक्लमंद हंस - पंचतन्त्र' कहानियां

एक बहुत बडा विशाल पेड था। उस पर बीसीयों हंस रहते थे। उनमें एक बहुत स्याना हंस था,बुद्धिमान और बहुत दूरदर्शी। सब उसका आदर करते 'ताऊ' कहकर बुलाते थे। एक दिन उसने एक नन्ही-सी बेल को पेड के तने पर बहुत नीचे लिपटते पाया। ताऊ ने दूसरे हंसों को बुलाकर कहा "देखो,इस बेल को नष्ट कर दो। एक दिन यह बेल हम सबको मौत के मुंह में ले जाएगी।"

एक युवा हंस हंसते हुए बोला "ताऊ, यह छोटी-सी बेल हमें कैसे मौत के मुंह में ले जाएगी?"

स्याने हंस ने समझाया "आज यह तुम्हें छोटी-सी लग रही हैं। धीरे-धीरे यह पेड के सारे तने को लपेटा मारकर ऊपर तक आएगी। फिर बेल का तना मोटा होने लगेगा और पेड से चिपक जाएगा, तब नीचे से ऊपर तक पेड पर चढने के लिए सीढी बन जाएगी। कोई भी शिकारी सीढी के सहारे चढकर हम तक पहुंच जाएगा और हम मारे जाएंगे।"

दूसरे हंस को यकीन न आया "एक छोटी सी बेल कैसे सीढी बनेगी?"

तीसरा हंस बोला "ताऊ, तु तो एक छोटी-सी बेल को खींचकर ज्यादा ही लम्बा कर रहा है।"

एक हंस बडबडाया "यह ताऊ अपनी अक्ल का रौब डालने के लिए अंट-शंट कहानी बना रहा हैं।"

इस प्रकार किसी दूसरे हंस ने ताऊ की बात को गंभीरता से नहीं लिया। इतनी दूर तक देख पाने की उनमें अक्ल कहां थी?

समय बीतता रहा। बेल लिपटते-लिपटहटे ऊपर शाखों तक पहुंच गई। बेल का तना मोटा होना शुरु हुआ और सचमुच ही पेड के तने पर सीढी बन गई। जिस पर आसानी से चढा जा सकता था। सबको ताऊ की बात की सच्चाई सामने नजर आने लगी। पर अब कुछ नहीं

किया जा सकता था क्योंकि बेल इतनी मजबूत हो गई थी कि उसे नष्ट करना हंसों के बस की बात नहीं थी। एक दिन जब सब हंस दाना चुगने बाहर गए हुए थे तब एक बहेलिआ उधर आ निकला। पेड़ पर बनी सीढी को देखते ही उसने पेड़ पर चढकर जाल बिछाया और चला गया। सांझ को सारे हंस लौट आए पेड़ पर उतरे तो बहेलिए के जाल में बुरी तरह फंस गए। जब वे जाल में फंस गए और फडफडाने लगे, तब उन्हें ताऊ की बुद्धिमानी और दूरदर्शिता का पता लगा। सब ताऊ की बात न मानने के लिए लज्जित थे और अपने आपको कोस रहे थे। ताऊ सबसे रुष्ट था और चुप बैठा था।

एक हंस ने हिम्मत करके कहा "ताऊ, हम मूर्ख हैं, लेकिन अब हमसे मुंह मत फेरो।'

दूसरा हंस बोला "इस संकट से निकालने की तरकीब तू ही हमें बता सकता है। आगे हम तेरी कोई बात नहीं टालेंगे।" सभी हंसों ने हामी भरी तब ताऊ ने उन्हें बताया "मेरी बात ध्यान से सुनो। सुबह जब बहेलिया आएगा, तब मुर्दा होने का नाटक करना। बहेलिया तुम्हें मुर्दा समझकर जाल से निकाल कर जमीन पर रखता जाएगा। वहां भी मरे समान पडे रहना। जैसे ही वह अन्तिम हंस को नीचे रखेगा, मैं सीटी बजाऊंगा। मेरी सीटी सुनते ही सब उड जाना।"

सुबह बहेलिया आया। हंसो ने वैसा ही किया, जैसा ताऊ ने समझाया था। सचमुच बहेलिया हंसों को मुर्दा समझकर जमीन पर पटकता गया। सीटी की आवाज के साथ ही सारे हंस उड गए। बहेलिया अवाक होकर देखता रह गया।

सीखः बुद्धिमानों की सलाह गंभीरता से लेनी चाहिए।

2

पाठ : 2 आपस की फूट - पंचतन्त्र' कहानियाँ

पाठ : 2 आपस की फूट - पंचतन्त्र' कहानियां

प्राचीन समय में एक विचित्र पक्षी रहता था। उसका धड एक ही था, परन्तु सिर दो थे नाम था उसका भारुंड। एक शरीर होने के बावजूद उसके सिरों में एकता नहीं थी और न ही था तालमेल। वे एक दूसरे से बैर रखते थे। हर जीव सोचने समझने का काम दिमाग से करता हैं और दिमाग होता हैं सिर में दो सिर होने के कारण भारुंड के दिमाग भी दो थे। जिनमें से एक पूरब जाने की सोचता तो दूसरा पश्चिम फल यह होता था कि टांगें एक कदम पूरब की ओर चलती तो अगला कदम पश्चिम की ओर और भारुंड स्वयं को वहीं खडा पाता ता। भारुंड का जीवन बस दो सिरों के बीच रस्साकसी बनकर रह गया था।

एक दिन भारुंड भोजन की तलाश में नदी तट पर धूम रहा था कि एक सिर को नीचे गिरा एक फल नजर आया। उसने चोंच मारकर उसे चखकर देखा तो जीभ चटकाने लगा "वाह! ऐसा रवादिष्ट फल तो मैंने आज तक कभी नहीं खाया। भगवान ने दुनिया में क्या-क्या चीजें बनाई हैं।"

"अच्छा! जरा मैं भी चखकर देखूं।" कहकर दूसरे ने अपनी चोंच उस फल की ओर बढाई ही थी कि पहले सिर ने झटककर दूसरे सिर को दूर फेंका और बोला "अपनी गंदी चोंच इस फल से दूर ही रख। यह फल मैंने पाया हैं और इसे मैं ही खाउंगा।"

"अरे! हम् दोनों एक ही शरीर के भाग हैं। खाने-पीने की चीजें तो हमें बांटकर खानी चाहिए।" दूसरे सिर ने दलील दी। पहला सिर कहने लगा "ठीक! हम एक शरीर के भाग हैं। पेट हमार एक ही हैं। मैं इस फल को खाउंगा तो वह पेट में ही तो जाएगा और पेट तेरा भी हैं।"

दूसरा सिर बोला "खाने का मतलब केवल पेट भरना ही नहीं होता भाई। जीभ का स्वाद भी तो कोई चीज हैं। तबीयत को संतुष्टि तो जीभ से ही मिलती हैं। खाने का असली मजा तो मुंह में ही हैं।"

पहला सिर तुनकर चिढाने वाले स्वर में बोला "मैंने तेरी जीभ और खाने के मजे का ठेका थोडे ही ले रखा हैं। फल खाने के बाद पेट से डकार आएगी। वह डकार तेरे मुंह से भी निकलेगी। उसी से गुजारा चला लेना। अब ज्यादा बकवास न कर और मुझे शांति से फल खाने दे।" ऐसा कहकर पहला सिर चटकारे ले-लेकर फल खाने लगा।

इस घटना के बाद दूसरे सिर ने बदला लेने की ठान ली और मौके की तलाश में रहने लगा। कुछ दिन बाद फिर भारुंड भोजन की तलाश में घूम रहा था कि दूसरे सिर की नजर एक फल पर पडी। उसे जिस चीज की तलाश थी, उसे वह मिल गई थी। दूसरा सिर उस फल पर चोंच मारने ही जा रहा था कि कि पहले सिर ने चीखकर चेतावनी दी "अरे, अरे! इस फल को मत खाना। क्या तुझे पता नहीं कि यह विषैला फल हैं? इसे खाने पर मृत्यु भी हो सकती है।"

दूसरा सिर हंसा "हे हे हे! तु चुपचाप अपना काम देख। तुझे क्या लेना हैं कि मैं क्या खा रहा हूं? भूल गया उस दिन की बात?"

पहले सिर ने समझाने कि कोशिश की "तुने यह फल खा लिया तो हम दोनों मर जाएंगे।"

दूसरा सिर तो बदला लेने पर उतारु था। बोला "मैंने तेरे मरने-जीने का ठेका थोडे ही ले रखा हैं? मैं जो खाना चाहता हूं, वह खाऊंगा चाहे उसका नतीजा कुछ भी हो। अब मुझे शांति से विषैला फल खाने दे।"

दूसरे सिर ने सारा विषैला फल खा लिया और भारुंड तडप-तडपकर मर गया।

सीखः आपस की फूट सदा ले डूबती हैं।

3

पाठ : 3 एक और एक ग्यारह - पंचतन्त्र' कहानियां

एक बार की बात हैं कि बनगिरी के घने जंगल में एक उन्मत्त हाथी ने भारी उत्पात मचा रखा था। वह अपनी ताकत के नशे में चूर होने के कारण किसी को कुछ नेहीं समझता था।

बनगिरी में ही एक पेड पर एक चिडिया व चिडे का छोटा-सा सुखी संसार था। चिडिया अंडो पर बैठी नन्हें-नन्हें प्यारे बच्चों के निकलने के सुनहरे सपने देखती रहती। एक दिन क्रूर हाथी गरजता, चिंघाडता पेडों को तोडता-मरोडता उसी ओर आया। देखते ही देखते उसने चिडिया के घोंसले वाला पेड भी तोड डाला। घोंसला नीचे आ गिरा। अंडे टूट गए और ऊपर से हाथी का पैर उस पर पडा।

चिडिया और चिडा चीखने चिल्लाने के सिवा और कुछ न कर सके। हाथी के जाने के बाद चिडिया छाती पीट-पीटकर रोने लगी। तभी वहां कठफोठवी आई। वह चिडिया की अच्छी मित्र थी। कठफोडवी ने उनके रोने का कारण पूछा तो चिडिया ने अपनी सारी कहानी कह डाली। कठफोडवी बोली "इस प्रकार गम में डूबे रहने से कुछ नहीं होगा। उस हाथी को सबक सिखाने के लिए हमे कुछ करना होगा।"

चिडिया ने निराशा दिखाई "हमें छोटे-मोटे जीव उस बलशाली हाथी से कैसे टक्कर ले सकते हैं?"

कठफोडवी ने समझाया "एक और एक मिलकर ग्यारह बनते हैं। हम अपनी शक्तियां जोडेंगे।"

"कैसे?" चिडिया ने पूछा।

"मेरा एक मित्र वींआख नामक भंवरा हैं। हमें उससे सलाह लेना चाहिए।" चिडिया और कठफोडवी भंवरे से मिली। भंवरा गुनगुनाया "यह तो बहुत बुरा हुआ। मेरा एक मेंढक मित्र हैं

आओ, उससे सहायता मांगे।"

अब तीनों उस सरोवर के किनारे पहुंचे, जहां वह मेढक रहता था। भंवरे ने सारी समस्या बताई। मेढक भर्राये स्वर में बोला "आप लोग धैर्य से जरा यहीं मेरी प्रतीक्षा करें। मैं गहरे पाने में बैठकर सोचता हूं।"

ऐसा कहकर मेढक जल में कूद गया। आधे घंटे बाद वह पानी से बाहर आया तो उसकी आंखे चमक रही थी। वह बोला "दोस्तो! उस हत्यारे हाथी को नष्ट करने की मेरे दिमाग में एक बडी अच्छी योजना आई हैं। उसमें सभी का योगदान होगा।"

मेढक ने जैसे ही अपनी योजना बताई,सब खुशी से उछल पडे। योजना सचमुच ही अदभुत थी। मेढक ने दोबारा बारी-बारी सबको अपना-अपना रोल समझाया।

कुछ ही दूर वह उन्मत्त हाथी तोडफोड मचाकर व पेट भरकर कोंपलों वाली शाखाएं खाकर मस्ती में खडा झूम रहा था। पहला काम भंवरे का था। वह हाथी के कानों के पास जाकर मधुर राग गुंजाने लगा। राग सुनकर हाथी मस्त होकर आंखें बंद करके झूमने लगा।

तभी कठफोडवी ने अपना काम कर दिखाया। वह आई और अपनी सुई जैसी नुकीली चोंच से उसने तेजी से हाथी की दोनों आंखें बींध डाली। हाथी की आंखे फूट गईं। वह तडपता हुआ अंधा होकर इधर-उधर भागने लगा।

जैसे-जैसे समय बीतता जा रहा था, हाथी का क्रोध बढता जा रहा था। आंखों से नजर न आने के कारण ठोकरों और टक्करों से शरीर जख्मी होता जा रहा था। जख्म उसे और चिल्लाने पर मजबूर कर रहे थे।

चिडिया कृतज्ञ स्वर में मेढक से बोली "बहिया, मैं आजीवन तुम्हारी आभारी रहूंगी। तुमने मेरी इतनी सहायता कर दी।"

मेढक ने कहा "आभार मानने की जरुरत नहीं। मित्र ही मित्रों के काम आते हैं।"

एक तो आंखों में जलन और ऊपर से चिल्लाते-चिंघाडते हाथी का गला सूख गया। उसे तेज प्यास लगने लगी। अब उसे एक ही चीज की तलाश थी, पानी।

मेढक ने अपने बहुत से बंधु-बांधवों को इकट्ठा किया और उन्हें ले जाकर दूर बहुत बडे गड्ढे के किनारे बैठकर टर्राने के लिए कहा। सारे मेढक टर्राने लगे।

मेढक की टर्राहट सुनकर हाथी के कान खडे हो गए। वह यह जानता ता कि मेढक जल स्त्रोत के निकट ही वास करते हैं। वह उसी दिशा में चल पडा।

टर्राहट और तेज होती जा रही थी। प्यासा हाथी और तेज भागने लगा।

जैसे ही हाथी गड्ढे के निकट पहुंचा, मेढकों ने पूरा जोर लगाकर टर्राना शुरु किया। हाथी आगे बढा और विशाल पत्थर की तरह गड्ढे में गिर पडा, जहां उसके प्राण पखेरु उडते देर न लगे इस प्रकार उस अहंकार में डूबे हाथी का अंत हुआ।

सीखः 1.एकता में बल हैं।

2.अहंकारी का देर या सबेर अंत होता ही हैं।

4

पाठ : 4 एकता का बल - पंचतन्त्र' कहानियां

पाठ : 4 एकता का बल - पंचतन्त्र' कहानियां

एक समय की बात हैं कि कबूतरों का एक दल आसमान में भोजन की तलाश में उडता हुआ जा रहा था। गलती से वह दल भटककर ऐसे प्रदेश के ऊपर से गुजरा, जहां भयंकर अकाल पडा था। कबूतरों का सरदार चिंतित था। कबूतरों के शरीर की शक्ति समाप्त होती जा रही थी। शीघ्र ही कुछ दाना मिलना जरुरी था। दल का युवा कबूतर सबसे नीचे उड रहा था। भोजन नजर आने पर उसे ही बाकी दल को सुचित करना था। बहुत समय उडने के बाद कहीं वह सूखाग्रस्त क्षेत्र से बाहर आया। नीचे हरियाली नजर आने लगी तो भोजन मिलने की उम्मीद बनी। युवा कबूतर और नीचे उडान भरने लगा। तभी उसे नीचे खेत में बहुत सारा अन्न बिखरा नजर आया "चाचा, नीचे एक खेत में बहुत सारा दाना बिखरा पडा हैं। हम सबका पेट भर जाएगा।'

सरदार ने सूचना पाते ही कबूतरों को नीचे उतरकर खेत में बिखरा दाना चुनने का आदेश दिया। सारा दल नीचे उतरा और दाना चुनने लगा। वास्तव में वह दाना पक्षी पकडने वाले एक बहलिए ने बिखेर रखा था। ऊपर पेड पर तना था उसका जाल। जैसे ही कबूतर दल दाना चुगने लगा, जाल उन पर आ गिरा। सारे कबूतर फंस गए।

कबूतरों के सरदार ने माथा पीटा "ओह! यह तो हमें फंसाने के लिए फैलाया गया जाल था। भूख ने मेरी अक्ल पर पर्दा डाल दिया था। मुझे सोचना चाहिए था कि इतना अन्न बिखरा होने का कोई मतलब हैं। अब पछताए होत क्या, जब चिडिया चुग गई खेत?"

एक कबूतर रोने लगा "हम सब मारे जाएंगे।"

बाकी कबूतर तो हिम्मत हार बैठे थे, पर सरदार गहरी सोच में डूबा था। एकाएक उसने कहा "सुनो, जाल मजबूत हैं यह ठीक हैं, पर इसमें इतनी भी शक्ति नहीं कि एकता की शक्ति को हरा सके। हम अपनी सारी शक्ति को जोडे तो मौत के मुंह में जाने से बच सकते हैं।"

युवा कबूतर फडफडाया "चाचा! साफ-साफ बताओ तुम क्या कहना चाहते हो। जाल ने हमें तोड रखा हैं, शक्ति कैसे जोडे?"

सरदार बोला "तुम सब चोंच से जाल को पकडो, फिर जब मैं फुर्र कहूं तो एक साथ जोर लगाकर उडना।"

सबने ऐसा ही किया। तभी जाल बिछाने वाला बहेलियां आता नजर आया। जाल में कबूतर को फंसा देख उसकी आंखें चमकी। हाथ में पकडा डंडा उसने मजबूती से पकडा व जाल की ओर दौडा।

बहेलिया जाल से कुछ ही दूर था कि कबूतरों का सरदार बोला "फुर्र्र्र्र!"

सारे कबूतर एक साथ जोर लगाकर उडे तो पूरा जाल हवा में ऊपर उठा और सारे कबूतर जाल को लेकर ही उडने लगे। कबूतरों को जाल सहित उडते देखकर बहेलिया अवाक रह गया। कुछ संभला तो जाल के पीछे दौडने लगा। कबूतर सरदार ने बहेलिए को नीचे जाल के पीछे दौडते पाया तो उसका इरादा समझ गया। सरदार भी जानता था कि अधिक देर तक कबूतर दल के लिए जाल सहित उडते रहना संभव न होगा। पर सरदार के पास इसका उपाय था। निकट ही एक पहाडी पर बिल बनाकर उसका एक चूहा मित्र रहता था। सरदार ने कबूतरों को तेजी से उस पहाडी की ओर उडने का आदेश दिया। पहाडी पर पहुंचते ही सरदार का संकेत पाकर जाल समेत कबूतर चूहे के बिल के निकट उतरे।

सरदार ने मित्र चूहे को आवाज दी। सरदार ने संक्षेप में चूहे को सारी घटना बताई और जाल काटकर उन्हें आजाद करने के लिए कहा। कुछ ही देर में चूहे ने वह जाल काट दिया। सरदार ने अपने मित्र चूहे को धन्यवाद दिया और सारा कबूतर दल आकाश की ओर आजादी की उडान भरने लगा।

5

पाठ : 5 कौए और उल्लू - पंचतन्त्र' कहानियां

- पाठ : 5 कौए और उल्लू - पंचतन्त्र' कहानियां

बहुत समय पहले की बात हैं कि एक वन में एक विशाल बरगद का पेड कौओं की राजधानी था। हजारों कौए उस पर वास करते थे। उसी पेड पर कौओं का राजा मेघवर्ण भी रहता था।

बरगद के पेड के पास ही एक पहाडी थी, जिसमें असंख्य गुफाएं थीं। उन गुफाओं में उल्लू निवास करते थे, उनका राजा अरिर्मदन था। अरिर्मदन बहुत पराक्रमी राजा था। कौओं को तो उसने उल्लुओं का दुश्मन नम्बर एक घोषित कर रखा था। उसे कौओं से इतनी नफरत थी कि किसी कौए को मारे बिना वह भोजन नहीं करता था।

जब बहुत अधिक कौए मारे जाने लगे तो उनके राजा मेघवर्ण को बहुत चिन्ता हुई। उसने कौओं की एक सभा इस समस्या पर विचार करने के लिए बुलाई। मेघवर्ण बोला "मेरे प्यारे कौओ, आपको तो पता ही हैं कि उल्लुओं के आक्रमणों के कारण हमारा जीवन असुरक्षित हो गया हैं। हमारा शत्रु शक्तिशाली हैं और अहंकारी भी। हम पर रात को हमले किए जाते हैं। हम रात को देख नहीं पाते। हम दिन में जवाबी हमला नहीं कर पाते, क्योंकि वे गुफाओं के अंधेरों में सुरक्षित बैठे रहते हैं।"

फिर मेघवर्ण ने स्याने और बुद्धिमान कौओं से अपने सुझाव देने के लिए कहा।

एक डरपोक कौआ बोला "हमें उल्लू से समझौता कर लेना चाहिए। वह जो शर्तें रखें, हम स्वीकार करें। अपने से तकतवर दुश्मन से पिटते रहने में क्या तुक है?"

बहुत-से कौओं ने कां कां करके विरोध प्रकट किया। एक गर्म दिमाग का कौआ चीखा "हमें उन दुष्टों से बात नहीं करनी चाहिए। सब उठो और उन पर आक्रमण कर दो।"

एक निराशावादी कौआ बोला "शत्रु बलवान हैं। हमें यह स्थान छोड़कर चले जाना चाहिए।"

स्याने कौए ने सलाह दी "अपना घर छोड़ना ठीक नहीं होगा। हम यहां से गए तो बिल्कुल ही टूट जाएंगे। हमे यहीं रहकर और पक्षियों से सहायता लेनी चाहिए।"

कौओं में सबसे चतुर व बुद्धिमान स्थिरजीवी नामक कौआ था, जो चुपचाप बैठा सबकी दलीलें सुन रहा था। राजा मेघवर्ण उसकी ओर मुड़ा "महाशय, आप चुप हैं। मैं आपकी राय जानना चाहता हूं।"

स्थिरजीवी बोला "महाराज, शत्रु अधिक शक्तिशाली हो तो छलनीति से काम लेना चाहिए।"

"कैसी छलनीति? जरा साफ-साफ बताइए, स्थिरजीवी।" राजा ने कहा।

स्थिरजीवी बोला "आप मुझे भला-बुरा कहिए और मुझ पर जानलेवा हमला कीजिए।'

मेघवर्ण चौंका "यह आप क्या कह रहे हैं स्थिरजीवी?"

स्थिरजीवी राजा मेघवर्ण वाली डाली पर जाकर कान मे बोला "छलनीति के लिए हमें यह नाटक करना पड़ेगा। हमारे आसपास के पेड़ों पर उल्लू जासूस हमारी इस सभा की सारी कार्यवाही देख रहे हैं। उन्हे दिखाकर हमें फूट और झगड़े का नाटक करना होगा। इसके बाद आप सारे कौओं को लेकर ऋष्यमूक पर्वत पर जाकर मेरी प्रतीक्षा करें। मैं उल्लुओं के दल में शामिल होकर उनके विनाश का सामान जुटाऊंगा। घर का भेदी बनकर उनकी लंका ढाऊंगा।"

फिर नाटक शुरु हुआ। स्थिरजीवी चिल्लाकर बोला "मैं जैसा कहता हूं, वैसा कर राजा कर राजा के बच्चे। क्यों हमें मरवाने पर तुला हैं?"

मेघवर्ण चीख उठा "गद्दार, राजा से ऐसी बदतमीजी से बोलने की तेरी हिम्मत कैसे हुई?"कई कौए एक साथ चिल्ला उठे "इस गद्दार को मार दो।"

राजा मेघवर्ण ने अपने पंख से स्थिरजीवी को जोरदार झापड़ मारकर तनी से गिरा दिया और घोषणा की "मैं गद्दार स्थिरजीवी को कौआ समाज से निकाल रहा हूं। अब से कोई कौआ इस नीच से कोई संबध नेहीं रखेगा।"

आसपास के पेड़ों पर छिपे बैठे उल्लू जासूसों की आंखे चमक उठी। उल्लुओं के राजा को जासूसों ने सूचना दी कि कौओं में फूट पड़ गई हैं। मार-पीट और गाली-गलौच हो रही हैं। इतना सुनते ही उल्लुओं के सेनापति ने राजा से कहा "महाराज, यही मौका हैं कौओं पर आक्रमण करने का। इस समय हम उन्हें आसानी से हरा देंगे।"

उल्लुओं के राजा अरिमर्दन को सेनापति की बता सही लगी। उसने तुरंत आक्रमण का आदेश दे दिया। बस फिर क्या था हजारों उल्लुओं की सेना बरगद के पेड़ पर आक्रमण करने चल दी। परन्तु वहां एक भी कौआ नहीं मिला।

मिलता भी कैसे? योजना के अनुसार मेघवर्ण सारे कौओं को लेकर ऋष्यमूक पर्वत की ओर कूच कर गया था। पेड़ खाली पाकर उल्लुओं के राजा ने थूका "कौए हमारा सामना करने

की बजाए भाग गए। ऐसे कायरों पर हजार थू।" सारे उल्लू 'हू हू' की आवाज निकालकर अपनी जीत की घोषणा करने लगे। नीचे झाडियों में गिरा पडा स्थिरजीवी कौआ यह सब देख रहा था। स्थिरजीवी ने कां-कां की आवाज निकाली। उसे देखकर जासूस उल्लू बोला "अरे, यह तो वही कौआ हैं, जिसे इनका राजा धक्का देकर गिरा रहा था और अपमानित कर रहा था।'

उल्लुओं का राजा भी आया। उसने पूछा "तुम्हारी यह दुर्दशा कैसे हुई?" स्थिरजीवी बोला "मैं राजा मेघवर्ण का नीतिमंत्री था। मैंने उनको नेक सलाह दी कि उल्लुओं का नेतृत्व इस समय एक पराक्रमी राजा कर रहे हैं। हमें उल्लुओं की अधीनता स्वीकार कर लेनी चाहिए। मेरी बात सुनकर मेघवर्ण क्रोधित हो गया और मुझे फटकार कर कौओं की जाति से बाहर कर दिया। मुझे अपनी शरण में ले लीजिए।"

उल्लुओं का राजा अरिमर्दन सोच में पड गया। उसके स्याने नीति सलाहकार ने कान में कहा "राजन, शत्रु की बात का विश्वास नहीं करना चाहिए। यह हमारा शत्रु हैं। इसे मार दो।" एक चापलूस मंत्री बोला "नहीं महाराज! इस कौए को अपने साथ मिलाने में बडा लाभ रहेगा। यह कौओं के घर के भेद हमें बताएगा।"

राजा को भी स्थिरजीवी को अपने साथ मिलाने में लाभ नजर आया अओ उल्लू स्थिरजीवी कौए को अपने साथ ले गए। वहां अरिमर्दन ने उल्लू सेवकों से कहा "स्थिरजीवी को गुफा के शाही मेहमान कक्षमें ठहराओ। इन्हें कोई कष्ट नहीं होना चाहिए।"

स्थिरजीवी हाथ जोडकर बोला "महाराज, आपने मुझे शरण दी, यही बहुत हैं। मुझे अपनी शाही गुफा के बाहर एक पत्थर पर सेवक की तरह ही रहने दीजिए। वहां बैठकर आपके गुण गाते रहने की ही मेरी इच्छा हैं।" इस प्रकार स्थिरजीवी शाही गुफा के बाहर डेरा जमाकर बैठ गया।

गुफा में नीति सलाहकार ने राजा से फिर से कहा "महाराज! शत्रु पर विश्वास मत करो। उसे अपने घर में स्थान देना तो आत्महत्या करने समान हैं।" अरिमर्दन ने उसे क्रोध से देखा "तुम मुझे ज्यादा नीति समझाने की कोशिश मत करो। चाहो तो तुम यहां से जा सकते हो।" नीति सलाहकार उल्लू अपने दो-तीन मित्रों के साथ वहां से सदा के लिए यह कहता हुआ "विनाशकाले विपरीत बुद्धि।"

कुछ दिनों बाद स्थिरजीवी लकडियां लाकर गुफा के द्वार के पास रखने लगा "सरकार, सर्दियां आने वाली हैं। मैं लकडियों की झोपडी बनाना चाहता हूं ताकि ठंड से बचाव हो।' धीरे-धीरे लकडियों का काफी ढेर जमा हो गया। एक दिन जब सारे उल्लू सो रहे थे तो स्थिरजीवी वहां से उडकर सीधे ऋष्यमूक पर्वत पर पहुंचा, जहां मेघवर्ण और कौओं सहित उसी की प्रतीक्षा कर रहे थे। स्थिरजीवी ने कहा "अब आप सब निकट के जंगल से जहां आग लगी हैं एक-एक जलती लकडी चोंच में उठाकर मेरे पीछे आइए।"

कौओं की सेना चोंच में जलती लकडियां पकड स्थिरजीवी के साथ उल्लुओं की गुफाओं में आ पहुंचा। स्थिरजीवी द्वारा ढेर लगाई लकडियों में आग लगा दी गई। सभी उल्लू जलने

या दम घुटने से मर गए। राजा मेघवर्ण ने स्थिरजीवी को कौआ रत्न की उपाधि दी।

सीखः शत्रु को अपने घर में पनाह देना अपने ही विनाश का सामान जुटाना हैं।

6

पाठ : 6 खरगोश की चतुराई - पंचतन्त्र' कहानियां

पाठ : 6 खरगोश की चतुराई - पंचतन्त्र' कहानियां

किसी घने वन में एक बहुत बड़ा शेर रहता था। वह रोज शिकार पर निकलता और एक ही नहीं, दो नहीं कई-कई जानवरों का काम तमाम देता। जंगल के जानवर डरने लगे कि अगर शेर इसी तरह शिकार करता रहा तो एक दिन ऐसा आयेगा कि जंगल में कोई भी जानवर नहीं बचेगा।

सारे जंगल में सनसनी फैल गई। शेर को रोकने के लिये कोई न कोई उपाय करना ज़रूरी था। एक दिन जंगल के सारे जानवर इकट्ठा हुए और इस प्रश्न पर विचार करने लगे। अन्त में उन्होंने तय किया कि वे सब शेर के पास जाकर उनसे इस बारे में बात करें। दूसरे दिन जानवरों के एकदल शेर के पास पहुंचा। उनके अपनी ओर आते देख शेर पबरा गया और उसने गरजकर पूछा, "क्या बात है ? तुम सब यहां क्यों आ रहे हो ?"

जानवर दल के नेता ने कहा, "महाराज, हम आपके पास निवेदन करने आये हैं। आप राजा हैं और हम आपकी प्रजा। जब आप शिकार करने निकलते हैं तो बहुत जानवर मार डालते हैं। आप सबको खा भी नहीं पाते। इस तरह से हमारी संख्या कम होती जा रही है। अगर ऐसा ही होता रहा तो कुछ ही दिनों में जंगल में आपके सिवाय और कोई भी नहीं बचेगा। प्रजा के बिना राजा भी कैसे रह सकता है ? यदि हम सभी मर जायेंगे तो आप भी राजा नहीं रहेंगे। हम चाहते हैं कि आप सदा हमारे राजा बने रहें। आपसे हमारी विनती है कि आप अपने घर पर ही रहा करें। हर रोज स्वयं आपके खाने के लिए एक जानवर भेज दिया करेंगे। इस तरह से राजा और प्रजा दोनों ही चैन से रह सकेंगे।" शेर को लगा कि जानवरों की बात में सच्चाई है। उसने पलभर सोचा, फिर बोला अच्छी बात नहीं है। मैं तुम्हारे सुझाव को मान लेता हूं। लेकिन याद रखना, अगर किसी भी दिन तुमने मेरे खाने के लिये पूरा भोजन नहीं

भेजा तो मैं जितने जानवर चाहूंगा, मार डालूंगा।'' जानवरों के पास तो और कोई चारा नहीं। इसलिये उन्होंने शेर की शर्त मान ली और अपने-अपने घर चले गये।

उस दिन से हर रोज शेर के खाने के लिये एक जानवर भेजा जाने लगा। इसके लिये जंगल में रहने वाले सब जानवरों में से एक-एक जानवर, बारी-बारी से चुना जाता था। कुछ दिन बाद खरगोशों की बारी भी आ गई। शेर के भोजन के लिये एक नन्हें से खरगोश को चुना गया। वह खरगोश जितना छोटा था, उतना ही चतुर भी था। उसने सोचा, बेकार में शेर के हाथों मरना मूर्खता है अपनी जान बचाने का कोई न कोई उपाय अवश्य करना चाहिये, और हो सके तो कोई ऐसी तरकीब ढूंढ़नी चाहिये जिसे सभी को इस मुसीबत से सदा के लिए छुटकारा मिल जाये। आखिर उसने एक तरकीब सोच ही निकाली।

खरगोश धीरे-धीरे आराम से शेर के घर की ओर चल पड़ा। जब वह शेर के पास पहुंचा तो बहुत देर हो चुकी थी।

भूख के मारे शेर का बुरा हाल हो रहा था। जब उसने सिर्फ एक छोटे से खरगोश को अपनी ओर आते देखा तो गुस्से से बौखला उठा और गरजकर बोला, ''किसने तुम्हें भेजा है ? एक तो पिद्दी जैसे हो, दूसरे इतनी देर से आ रहे हो। जिन बेवकूफों ने तुम्हें भेजा है मैं उन सबको ठीक करूंगा। एक-एक का काम तमाम न किया तो मेरा नाम भी शेर नहीं।''

नन्हे खरगोश ने आदर से ज़मीन तक झुककर, ''महाराज, अगर आप कृपा करके मेरी बात सुन लें तो मुझे या और जानवरों को दोष नहीं देंगे। वे तो जानते थे कि एक छोटा सा खरगोश आपके भोजन के लिए पूरा नहीं पड़ेगा, 'इसलिए उन्होंने छह खरगोश भेजे थे। लेकिन रास्ते में हमें एक और शेर मिल गया। उसने पांच खरगोशों को मारकर खा लिया।''

यह सुनते ही शेर दहाड़कर बोला, ''क्या कहा ? दूसरा शेर ? कौन है वह ? तुमने उसे कहां देखा ?''

''महाराज, वह तो बहुत ही बड़ा शेर है'', खरगोश ने कहा, ''वह ज़मीन के अन्दर बनी एक बड़ी गुफा में से निकला था। वह तो मुझे ही मारने जा रहा था। पर मैंने उससे कहा, 'सरकार, आपको पता नहीं कि आपने क्या अन्धेर कर दिया है। हम सब अपने महाराज के भोजन के लिये जा रहे थे, लेकिन आपने उनका सारा खाना खा लिया है। हमारे महाराज ऐसी बातें सहन नहीं करेंगे। वे ज़रूर ही यहाँ आकर आपको मार डालेंगे।'

''इस पर उसने पूछा, 'कौन है तुम्हारा राजा ?' मैंने जवाब दिया, 'हमारा राजा जंगल का सबसे बड़ा शेर है।'

''महाराज, 'मेरे ऐसा कहते ही वह गुस्से से लाल-पीला होकर बोला बेवकूफ इस जंगल का राजा सिर्फ मैं हूं। यहां सब जानवर मेरी प्रजा हैं। मैं उनके साथ जैसा चाहूं वैसा कर सकता हूं। जिस मूर्ख को तुम अपना राजा कहते हो उस चोर को मेरे सामने हाजिर करो। मैं उसे बताऊंगा कि असली राजा कौन है।' महाराज इतना कहकर उस शेर ने आपको लिवाने के लिए मुझे यहां भेज दिया।''

खरगोश की बात सुनकर शेर को बड़ा गुस्सा आया और वह बार-बार गरजने लगा। उसकी भयानक गरज से सारा जंगल दहलने लगा। "मुझे फौरन उस मूर्ख का पता बताओ", शेर ने दहाड़कर कहा, "जब तक मैं उसे जान से न मार दूँगा मुझे चैन नहीं मिलेगा।" "बहुत अच्छा महाराज," खरगोश ने कहा "मौत ही उस दुष्ट की सजा है। अगर मैं और बड़ा और मजबूत होता तो मैं खुद ही उसके टुकड़े-टुकड़े कर देता।"

"चलो, 'रास्ता दिखाओ," शेर ने कहा, "फौरन बताओ किधर चलना है ?"

"इधर आइये महाराज, इधर, "खगगोश रास्ता दिखाते हुआ शेर को एक कुएँ के पास ले गया और बोला, "महाराज, वह दुष्ट शेर ज़मीन के नीचे किले में रहता है। जरा सावधान रहियेगा। किले में छुपा दुश्मन खतरनाक होता है।" "मैं उससे निपट लूँगा," शेर ने कहा, "तुम यह बताओ कि वह है कहाँ ?"

"पहले जब मैंने उसे देखा था तब तो वह यहीं बाहर खड़ा था। लगता है आपको आता देखकर वह किले में घुस गया। आइये मैं आपको दिखाता हूँ।"

खरगोश ने कुएं के नजदीक आकर शेर से अन्दर झांकने के लिये कहा। शेर ने कुएं के अन्दर झांका तो उसे कुएं के पानी में अपनी परछाई दिखाई दी।

परछाई को देखकर शेर ज़ोर से दहाड़ा। कुएं के अन्दर से आती हुई अपने ही दहाड़ने की गूंज सुनकर उसने समझा कि दूसरा शेर भी दहाड़ रहा है। दुश्मन को तुरंत मार डालने के इरादे से वह फौरन कुएं में कूद पड़ा।

कूदते ही पहले तो वह कुएं की दीवार से टकराया फिर धड़ाम से पानी में गिरा और डूबकर मर गया। इस तरह चतुराई से शेर से छुट्टी पाकर नन्हा खरगोश घर लौटा। उसने जंगल के जानवरों को शेर के मारे जाने की कहानी सुनाई। दुश्मन के मारे जाने की खबर से सारे जंगल में खुशी फैल गई। जंगल के सभी जानवर खरगोश की जय-जयकार करने लगे।

7

पाठ : 7 गजराज व मूषकराज - पंचतन्त्र' कहानियां

पाठ : 7 गजराज व मूषकराज - पंचतन्त्र' कहानियां

प्राचीन काल में एक नदी के किनारे बसा नगर व्यापार का केन्द्र था। फिर आए उस नगर के बुरे दिन, जब एक वर्ष भारी वर्षा हुई। नदी ने अपना रास्ता बदल दिया।

लोगों के लिए पीने का पानी न रहा और देखते ही देखते नगर वीरान हो गया अब वह जगह केवल चूहों के लायक रह गई। चारों ओर चूहे ही चूहे नजर आने लगे। चूहो का पूरा साम्राज्य ही स्थापित हो गया। चूहों के उस साम्राज्य का राजा बना मूषकराज चूहा। चूहों का भाग्य देखो, उनके बसने के बाद नगर के बाहर जमीन से एक पानी का स्त्रोत फूट पडा और वह एक बडा जलाशय बन गया।

नगर से कुछ ही दूर एक घना जंगल था। जंगल में अनगिनत हाथी रहते थे। उनका राजा गजराज नामक एक विशाल हाथी था। उस जंगल क्षेत्र में भयानक सूखा पडा। जीव-जन्तु पानी की तलाश में इधर-उधर मारे-मारे फिरने लगे। भारी भरकम शरीर वाले हाथियों की तो दुर्दशा हो गई।

हाथियों के बच्चे प्यास से व्याकुल होकर चिल्लाने व दम तोडने लगे। गजराज खुद सूखे की समस्या से चिंतित था और हाथियों का कष्ट जानता था। एक दिन गजराज की मित्र चील ने आकर खबर दी कि खंडहर बने नगर के दूसरी ओर एक जलाशय हैं। गजराज ने सबको तुरंत उस जलाशय की ओर चलने का आदेश दिया। सैकडों हाथी प्यास बुझाने डोलते हुए चल पडे। जलाशय तक पहुंचने के लिए उन्हें खंडहर बने नगर के बीच से गुजरना पडा।

हाथियों के हजारों पैर चूहों को रौंदते हुए निकल गए। हजारों चूहे मारे गए। खंडहर नगर की सडकें चूहों के खून-मांस के कीचड से लथपथ हो गई। मुसीबत यहीं खत्म नहीं हुई। हाथियों का दल फिर उसी रास्ते से लौटा। हाथी रोज उसी मार्ग से पानी पीने जाने लगे।

काफी सोचने-विचारने के बाद मूषकराज के मंत्रियों ने कहा "महाराज, आपको ही जाकर गजराज से बात करनी चाहिए। वह दयालु हाथी हैं।" मूषकराज हाथियों के वन में गया। एक बडे पेड के नीचे गजराज खडा था।

मूषकराज उसके सामने के बडे पत्थर के ऊपर चढा और गजराज को नमस्कार करके बोला "गजराज को मूषकराज का नमस्कार। हे महान हाथी, मैं एक निवेदन करना चाहता हूं।"

आवाज गजराज के कानों तक नहीं पहुंच रही थी। दयालु गजराज उसकी बात सुनने के लिए नीचे बैठ गया और अपना एक कान पत्थर पर चढे मूषकराज के निकट ले जाकर बोला "नन्हें मियां, आप कुछ कह रहे थे। कृपया फिर से कहिए।"

मूषकराज बोला "हे गजराज, मुझे चूहा कहते हैं। हम बडी संख्या में खंडहर बनी नगरी में रहते हैं। मैं उनका मूषकराज हूं। आपके हाथी रोज जलाशय तक जाने के लिए नगरी के बीच से गुजरते हैं। हर बार उनके पैरों तले कुचले जाकर हजारों चूहे मरते हैं। यह मूषक संहार बंद न हुआ तो हम नष्ट हो जाएंगे।"

गजराज ने दुख भरे स्वर में कहा "मूषकराज, आपकी बात सुन मुझे बहुत शोक हुआ। हमें ज्ञान ही नहीं था कि हम इतना अनर्थ कर रहे हैं। हम नया रास्ता ढूढ लेंगे।"

मूषकराज कृतज्ञता भरे स्वर में बोला "गजराज, आपने मुझ जैसे छोटे जीव की बात ध्यान से सुनी। आपका धन्यवाद। गजराज, कभी हमारी जरुरत पडे तो याद जरुर कीजिएगा।"

गजराज ने सोचा कि यह नन्हा जीव हमारे किसी काम क्या आएगा। सो उसने केवल मुस्कुराकर मूषकराज को विदा किया। कुछ दिन बाद पडौसी देश के राजा ने सेना को मजबूत बनाने के लिए उसमें हाथी शामिल करने का निर्णय लिया। राजा के लोग हाथी पकडने आए। जंगल में आकर वे चुपचाप कई प्रकार के जाल बिछाकर चले जाते हैं। सैकडों हाथी पकड लिए गए। एक रात हाथियों के पकडे जाने से चिंतित गजराज जंगल में घूम रहे थे कि उनका पैर सूखी पत्तियों के नीचे छल से दबाकर रखे रस्सी के फंदे में फंस जाता है। जैसे ही गजराज ने पैर आगे बढाया रस्सा कस गया। रस्से का दूसरा सिरा एक पेड के मोटे तने से मजबूती से बंधा था। गजराज चिंघाडने लगा। उसने अपने सेवकों को पुकारा, लेकिन कोई नहीं आया।कौन फंदे में फंसे हाथी के निकट आएगा? एक युवा जंगली भैंसा गजराज का बहुत आदर करता था। जब वह भैंसा छोटा था तो एक बार वह एक गड्ढे में जा गिरा था। उसकी चिल्लाहट सुनकर गजराज ने उसकी जाअन बचाई थी। चिंघाड सुनकर वह दौडा और फंदे में फंसे गजराज के पास पहुंचा। गजराज की हालत देख उसे बहुत धक्का लगा। वह चीखा "यह कैसा अन्याय हैं? गजराज, बताइए क्या करुं? मैं आपको छुडाने के लिए अपनी जान भी दे सकता हूं।"

गजराज बोले "बेटा, तुम बस दौडकर खंडहर नगरी जाओ और चूहों के राजा मूषकराजा को सारा हाल बताना। उससे कहना कि मेरी सारी आस टूट चुकी हैं।

भैंसा अपनी पूरी शक्ति से दौड़ा-दौड़ा मूषकराज के पास गया और सारी बात बताई। मूषकराज तुरंत अपने बीस-तीस सैनिकों के साथ भैंसे की पीठ पर बैठा और वो शीघ्र ही गजराज के पास पहुंचे। चूहे भैंसे की पीठ पर से कूदकर फंदे की रस्सी कुतरने लगे। कुछ ही देर में फंदे की रस्सी कट गई व गजराज आजाद हो गए।

सीखः आपसी सदभाव व प्रेम सदा एक दूसरे के कष्टों को हर लेते हैं।

8

पाठ : 8 गधा रहा गधा ही - पंचतन्त्र' कहानियां

पाठ : 8 गधा रहा गधा ही - पंचतन्त्र' कहानियां

एक जंगल में एक शेर रहता था। गीदड उसका सेवक था। जोडी अच्छी थी। शेरों के समाज में तो उस शेर की कोई इज्जत नहीं थी, क्योंकि वह जवानी में सभी दूसरे शेरों से युद्ध हार चुका था, इसलिए वह अलग-थलग रहता था। उसे गीदड जैसे चमचे की सख्त जरुरत थी जो चौबीस घंटे उसकी चमचागिरी करता रहे। गीदड को बस खाने का जुगाड चाहिए था। पेट भर जाने पर गीदड उस शेर की वीरता के ऐसे गुण गाता कि शेर का सीना फूलकर दुगना चौडा हो जाता।

एक दिन शेर ने एक बिगडैल जंगली सांड का शिकार करने का साहस कर डाला। सांड बहुत शक्तिशाली था। उसने लात मारकर शेर को दूर फेंक दिया, जब वह उठने को हुआ तो सांड ने फां-फां करते हुए शेर को सींगों से एक पेड के साथ रगड दिया।

किसी तरह शेर जान बचाकर भागा। शेर सींगो की मार से काफी जख्मी हो गया था। कई दिन बीते, परन्तु शेर के जख्म ठीक होने का नाम नहीं ले रहे थे। ऐसी हालत में वह शिकार नहीं कर सकता था। स्वयं शिकार करना गीदड के बस का नहीं था। दोनों के भूखों मरने की नौबत आ गई। शेर को यह भी भय था कि खाने का जुगाड समाप्त होने के कारण गीदड उसका साथ न छोड जाए।

शेर ने एक दिन उसे सुझाया "देख, जख्मों के कारण मैं दौड नहीं सकता। शिकार कैसे करुं? तु जाकर किसी बेवकूफ-से जानवर को बातों में फंसाकर यहां ला। मैं उस झाडी में छिपा रहूंगा।"

गीदड को भी शेर की बात जंच गई। वह किसी मूर्ख जानवर की तलाश में घूमता-घूमता एक कस्बे के बाहर नदी-घाट पर पहुंचा। वहां उसे एक मरियल-सा गधा घास पर मुंह मारता नजर आया। वह शक्ल से ही बेवकूफ लग रहा था।

गीदड गधे के निकट जाकर बोला "पांय लागूं चाचा। बहुत कमजोर हो अए हो, क्या बात हैं?"

गधे ने अपना दुखडा रोया "क्या बताऊं भाई, जिस धोबी का मैं गधा हूं, वह बहुत क्रूर हैं। दिन भर ढुलाई करवाता हैं और चारा कुछ देता नहीं।"

गीदड ने उसे न्यौता दिया "चाचा, मेरे साथ जंगल चलो न, वहां बहुत हरी-हरी घास हैं। खूब चरना तुम्हारी सेहत बन जाएगी।"

गधे ने कान फडफडाए "राम राम। मैं जंगल में कैसे रहूंगा? जंगली जानवर मुझे खा जाएंगे।"

"चाचा, तुम्हें शायद पता नहीं कि जंगल में एक बगुला भगतजी का सत्संग हुआ था। उसके बाद सारे जानवर शाकाहारी बन गए हैं। अब कोई किसी को नहीं खाता।" गीदड बोला और कान के पास मुंह ले जाकर दाना फेंका "चाचू, पास के कस्बे से बेचारी गधी भी अपने धोबी मालिक के अत्याचारों से तंग आकर जंगल में आ गई थी। वहां हरी=हरी घास खाकर वह खूब लहरा गई हैं तुम उसके साथ घर बसा लेना।"

गधे के दिमाग पर हरी-हरी घास और घर बसाने के सुनहरे सपने छाने लगे। वह गीदड के साथ जंगल की ओर चल दिया। जंगल में गीदड गधे को उसी झाडी के पास ले गया, जिसमें शेर छिपा बैठा था।इससे पहले कि शेर पंजा मारता, गधे को झाडी में शेर की नीली बत्तियों की टरह चमकती आंखे नजर आ गईं। वह डरकर उछला गधा भागा और भागताही गया। शेर बुझे स्वर में गीदड से बोला "भई, इस बार मैं तैयार नहीं था। तुम उसे दोबारा लाओ इस बार गलती नहीं होगी।"

गीदड दोबारा उस गधे की तलाश में कस्बे में पहुंचा। उसे देखते ही बोला "चाचा, तुमने तो मेरी नाक कटवा दी। तुम अपनी दुल्हन से डरकर भाग गए?"

"उस झाडी में मुझे दो चमकती आंखे दिखाई दी थी, जैसे शेर की होती हैं। मैं भागता न तो क्या करता?" गधे ने शिकायत की।

गीदड झूठमूठ माथा पीटकर बोला "चाचा ओ चाचा! तुम भी निरे मूर्ख हो। उस झाडी में तुम्हारी दुल्हन थी। जाने कितने जन्मों से वह तुम्हारी राह देख रही थी। तुम्हें देखकर उसकी आंखे चमक उठी तो तुमने उसे शेर समझ लिया?"

गधा बहुत लज्जित हुआ, गीदड की चाल-भरी बातें ही ऐसी थी। गधा फिर उसके साथ चल पडा। जंगल में झाडी के पास पहुंचते ही शेर ने नुकीले पंजो से उसे मार गिराया। इस प्रकार शेर व गीदड का भोजन जुटा।

सीखः दूसरों की चिकनी-चुपडी बातों में आने की मूर्खता कभी नहीं करनी चाहिए।

9

पाठ : 9 गोलू-मोलू और भालू - पंचतन्त्र' कहानियां

पाठ : 9 गोलू-मोलू और भालू - पंचतन्त्र' कहानियां

गोलू-मोलू और पक्के दोस्त थे। गोलू जहां दुबला-पतला था, वहीं मोलू मोटा गोल-मटोल। दोनों एक-दूसरे पर जान देने का दम भरते थे, लेकिन उनकी जोड़ी देखकर लोगों की हंसी छूट जाती। एक बार उन्हें किसी दूसरे गांव में रहने वाले मित्र का निमंत्रण मिला। उसने उन्हें अपनी बहन के विवाह के अवसर पर बुलाया था।

उनके मित्र का गांव कोई बहुत दूर तो नहीं था लेकिन वहां तक पहुंचने के लिए जंगल से होकर गुजरना पड़ता था। और उस जंगल में जंगली जानवरों की भरमार थी।

दोनों चल दिए...जब वे जंगल से होकर गुजर रहे थे तो उन्हें सामने से एक भालू आता दिखा। उसे देखकर दोनों भय से थर-थर कांपने लगे। तभी दुबला-पतला गोलू तेजी से दौड़कर एक पेड़ पर जा चढ़ा, लेकिन मोटा होने के कारण मोलू उतना तेज नहीं दौड़ सकता था। उधर भालू भी निकट आ चुका था, फिर भी मोलू ने साहस नहीं खोया। उसने सुन रखा था कि भालू मृत शरीर को नहीं खाते। वह तुरंत जमीन पर लेट गये और सांस रोक ली। ऐसा अभिनय किया कि मानो शरीर में प्राण हैं ही नहीं। भालू घुरघुराता हुआ मोलू के पास आया, उसके चेहरे व शरीर को सूंघा और उसे मृत समझकर आगे बढ़ गया।

जब भालू काफी दूर निकल गया तो गोलू पेड़ से उतरकर मोलू के निकट आया और बोला, "मित्र, मैंने देखा था....भालू तुमसे कुछ कह रहा था। क्या कहा उसने ?"

मोलू ने गुस्से में भरकर जवाब दिया, "मुझे मित्र कहकर न बुलाओ...और ऐसा ही कुछ भालू ने भी मुझसे कहा। उसने कहा, गोलू पर विश्वास न करना, वह तुम्हारा मित्र नहीं है।"

सुनकर गोलू शर्मिन्दा हो गया। उसे अभ्यास हो गया था कि उससे कितनी भारी भूल हो गई थी। उसकी मित्रता भी सदैव के लिए समाप्त हो गई। शिक्षा—सच्चा मित्र वही है जो संकट के काम आए।

10

पाठ : 10 घंटीधारी ऊंट - पंचतन्त्र' कहानियां

पाठ : 10 घंटीधारी ऊंट - पंचतन्त्र' कहानियां

एक बार की बात हैं कि एक गांव में एक जुलाहा रहता था। वह बहुत गरीब था। उसकी शादी बचपन में ही हो गई ती। बीवी आने के बाद घर का खर्चा बढना था। यही चिन्ता उसे खाए जाती। फिर गांव में अकाल भी पडा। लोग कंगाल हो गए। जुलाहे की आय एकदम खत्म हो गई। उसके पास शहर जाने के सिवा और कोई चारा न रहा।

शहर में उसने कुछ महीने छोटे-मोटे काम किए। थोडा-सा पैसा अंटी में आ गया और गांव से खबर आने पर कि अकाल समाप्त हो गया हैं, वह गांव की ओर चल पडा। रास्ते में उसे एक जगह सडक किनारे एक ऊंटनी नजर आई। ऊंटनी बीमार नजर आ रही थी और वह गर्भवती थी। उसे ऊंटनी पर दया आ गई। वह उसे अपने साथ अपने घर ले आया।

घर में ऊंटनी को ठीक चारा व घास मिलने लगी तो वह पूरी तरह स्वस्थ हो गई और समय आने पर उसने एक स्वस्थ ऊंट अच्चे को जन्म दिया। ऊंट बच्चा उसके लिए बहुत भाग्यशाली साबित हुआ। कुछ दिनों बाद ही एक कलाकार गांव के जीवन पर चित्र बनाने उसी गांव में आया। पेंटिंग के ब्रश बनाने के लिए वह जुलाहे के घर आकर ऊंट के बच्चे की दुम के बाल ले जाता। लगभग दो सप्ताह गांव में रहने के बाद चित्र बनाकर कलाकार चला गया।

इधर ऊंटनी खूब दूध देने लगी तो जुलाहा उसे बेचने लगा। एक दिन वहा कलाकार गांव लौटा और जुलाहे को काफी सारे पैसे दे गया, क्योंकि कलाकार ने उन चित्रों से बहुत पुरस्कार जीते थे और उसके चित्र अच्छी कीमतों में बिके थे। जुलाहा उस ऊंट बच्चे को अपना भाग्य का सितारा मानने लगा। कलाकार से मिली राशी के कुछ पैसों से उसने ऊंट के गले के लिए सुंदर-सी घंटी खरीदी और पहना दी। इस प्रकार जुलाहे के दिन फिर गए। वह अपनी दुल्हन को भी एक दिन गौना करके ले आया।

ऊंटों के जीवन में आने से जुलाहे के जीवन में जो सुख आया, उससे जुलाहे के दिल में इच्छा हुई कि जुलाहे का धंधा छोड क्यों न वह ऊंटों का व्यापारी ही बन जाए। उसकी पत्नी भी उससे पूरी तरह सहमत हुई। अब तक वह भी गर्भवती हो गई थी और अपने सुख के लिए ऊंटनी व ऊंट बच्चे की आभारी थी।

जुलाहे ने कुछ ऊंट खरीद लिए। उसका ऊंटों का व्यापार चल निकला।अब उस जुलाहे के पास ऊंटों की एक बडी टोली हर समय रहती। उन्हें चरने के लिए दिन को छोड दिया जाता। ऊंट बच्चा जो अब जवान हो चुका था उनके साथ घंटी बजाता जाता।

एक दिन घंटीधारी की तरह ही के एक युवा ऊंट ने उससे कहा "भैया! तुम हमसे दूर-दूर क्यों रहते हो?"

घंटीधारी गर्व से बोला "वाह तुम एक साधारण ऊंट हो। मैं घंटीधारी मालिक का दुलारा हूं। मैं अपने से ओछे ऊंटों में शामिल होकर अपना मान नहीं खोना चाहता।"

उसी क्षेत्र में वन में एक शेर रहता था। शेर एक ऊंचे पत्थर पर चढकर ऊंटों को देखता रहता था। उसे एक ऊंट और ऊंटों से अलग-थलग रहता नजर आया। जब शेर किसी जानवर के झुंड पर आक्रमण करता हैं तो किसी अलग-थलग पडे को ही चुनता हैं। घंटीधारी की आवाज के कारण यह काम भी सरल हो गया था। बिना आंखों देखे वह घंटी की आवाज पर घात लगा सकता था।

दूसरे दिन जब ऊंटों का दल चरकर लौट रहा था तब घंटीधारी बाकी ऊंटों से बीस कदम पीछे चल रहा था। शेर तो घात लगाए बैठा ही था। घंटी की आवाज को निशाना बनाकर वह दौडा और उसे मारकर जंगल में खींच ले गया। ऐसे घंटीधारी के अहंकार ने उसके जीवन की घंटी बजा दी।

सीखः जो स्वयं को ही सबसे श्रेष्ठ समझता हैं उसका अहंकार शीघ्र ही उसे ले डूबता हैं।

11

पाठ : 11 चापलूस मंडली - पंचतन्त्र' कहानियां

पाठ : 11 चापलूस मंडली - पंचतन्त्र' कहानियां

जंगल में एक शेर रहता था। उसके चार सेवक थे चील, भेडिया, लोमडी और चीता। चील दूर-दूर तक उडकर समाचार लाती। चीता राजा का अंगरक्षक था। सदा उसके पीछे चलता। लोमडी शेर की सैक्रेटरी थी। भेडिया गृहमंत्री था। उनका असली काम तो शेर की चापलूसी करना था। इस काम में चारों माहिर थे। इसलिए जंगल के दूसरे जानवर उन्हें

चापलूस मंडली कहकर पुकारते थे। शेर शिकार करता। जितना खा सकता वह खाकर बाकी अपने सेवकों के लिए छोड जाया करता था। उससे मजे में चारों का पेट भर जाता। एक दिन चील ने आकर चापलूस मंडली को सूचना दी "भाईयो! सडक के किनारे एक ऊंट बैठा हैं।"

भेडिया चौंका "ऊंट! किसी काफिले से बिछुड गया होगा।"

चीते ने जीभ चटकाई "हम शेर को उसका शिकार करने को राजी कर लें तो कई दिन दावत उडा सकते हैं।"

लोमडी ने घोषणा की "यह मेरा काम रहा।"

लोमडी शेर राजा के पास गई और अपनी जुबान में मिठास घोलकर बोली "महाराज, दूत ने खबर दी हैं कि एक ऊंट सडक किनारे बैठा हैं। मैंने सुना हैं कि मनुष्य के पाले जानवर का मांस का स्वाद ही कुछ और होता हैं। बिल्कुल राजा-महाराजाओं के काबिल। आप आज्ञा दें तो आपके शिकार का ऐलान कर दूं?"

शेर लोमडी की मीठी बातों में आ गया और चापलूस मंडली के साथ चील द्वारा बताई जगह जा पहुंचा। वहां एक कमजोर-सा ऊंट सडक किनारे निढाल बैठा था। उसकी आंखें पीली पड चुकी थीं। उसकी हालत देखकर शेर ने पूछा "क्यों भाई तुम्हारी यह हालात कैसे हुई?"

ऊंट कराहता हुआ बोला "जंगल के राजा! आपको नहीं पता इंसान कितना निर्दयी होता हैं। मैं एक ऊंटो के काफिले में एक व्यापार माल ढो रहा था। रास्ते में मैं बीमार पड गया।

माल ढोने लायक नहीं उसने मुझे यहां मरने के लिए छोड दिया। आप ही मेरा शिकार कर मुझे मुक्ति दीजिए।"

ऊंट की कहानी सुनकर शेर को दुख हुआ। अचानक उसके दिल में राजाओं जैसी उदारता दिखाने की जोरदार इच्छा हुई। शेर ने कहा "ऊंट, तुम्हें कोई जंगली जानवर नहीं मारेगा। मैं तुम्हें अभय देता हूं। तुम हमारे साथ चलोगे और उसके बाद हमारे साथ ही रहोगे।"

चापलूस मंडली के चेहरे लटक गए। भेडिया फुसफुसाया "ठीक हैं। हम बाद में इसे मरवाने की कोई तरकीब निकाल लेंगे। फिलहाल शेर का आदेश मानने में ही भलाई हैं।"

इस प्रकार ऊंट उनके साथ जंगल में आया। कुछ ही दिनों में हरी घास खाने व आरम करने से वह स्वस्थ हो गया। शेर राजा के प्रति वह ऊंट बहुत कृतज्ञ हुआ। शेर को भी ऊंट का निस्वार्थ प्रेम और भोलापन भाने लगा। ऊंट के तगडा होने पर शेर की शाही सवारी ऊंट के ही आग्रह पर उसकी पीठ पर निकलने लगी लगी वह चारों को पीठ पर बिठाकर चलता।

एक दिन चापलूस मंडली के आग्रह पर शेर ने हाथी पर हमला कर दिया। दुर्भाग्य से हाथी पागल निकला। शेर को उसने सूंड से उठाकर पटक दिया। शेर उठकर बच निकलने में सफल तो हो गया, पर उसे चोंटें बहुत लगीं।

शेर लाचार होकर बैठ गया। शिकार कौन करता? कई दिन न शेर ने ने कुछ खाया और न सेवकों ने। कितने दिन भूखे रहा जा सकता हैं? लोमडी बोली "हद हो गई। हमारे पास एक मोटा ताजा ऊंट हैं और हम भूखे मर रहे हैं।"

चीते ने ठंडी सांस भरी "क्या करें? शेर ने उसे अभयदान जो दे रखा हैं। देखो तो ऊंट की पीठ का कूबड कितना बडा हो गया हैं। चर्बी ही चर्बी भरी हैं इसमें।"

भेडिए के मुंह से लार टपकने लगी "ऊंट को मरवाने का यही मौका हैं दिमाग लडाकर कोई तरकीब सोचो।"

लोमडी ने धूर्त स्वर में सूचना दी "तरकीब तो मैंने सोच रखी हैं। हमें एक नाटक करना पडेगा।"

सब लोमडी की तरकीब सुनने लगे। योजना के अनुसार चापलूस मंडली शेर के पास गई। सबसे पहले चील बोली "महाराज, आपको भूखे पेट रहकर मरना मुझसे नहीं देखा जाता। आप मुझे खाकर भूख मिटाइए।"

लोमडी ने उसे धक्का दिया "चल हट! तेरा मांस तो महाराज के दांतों में फंसकर रह जाएगाअ। महाराज, आप मुझे खाइए।"

भेडिया बीच में कूदा "तेरे शरीर में बालों के सिवा हैं ही क्या? महाराज! मुझे अपना भोजन बनाएंगे।"

अब चीता बोला "नहीं! भेडिए का मांस खाने लायक नहीं होता। मालिक, आप मुझे खाकर अपनी भूख शांत कीजिए।"

चापलूस मंडली का नाटक अच्छा था। अब ऊंट को तो कहना ही पडा "नहीं महाराज, आप मुझे मारकर खा जाइए। मेरा तो जीवन ही आपका दान दिया हुआ हैं। मेरे रहते आप भूखों

मरें, यह नहीं होगा।"

चापलूस मंडली तो यही चाहती थी। सभी एक स्वर में बोले "यही ठीक रहेगा, महाराज! अब तो ऊंट खुद ही कह रहा हैं।"

चीता बोला "महाराज! आपको संकोच हो तो हम इसे मार दें?"

चीता व भेडिया एक साथ ऊंट पर टूट पडे और ऊंट मारा गया।

सीखः चापलूसों की दोस्ती हमेशा खतरनाक होती हैं।

12

पाठ : 12 झगडालू मेढक - पंचतन्त्र' कहानियां

- पाठ : 12 झगडालू मेढक - पंचतन्त्र' कहानियां

एक कुएं में बहुत से मेढक रहते थे। उनके राजा का नाम था गंगदत्त। गंगदत्त बहुत झगडालू स्वभाव का था। आसपास दो तीन और भी कुएं थे। उनमें भी मेढक रहते थे। हर कुएं के मेढकों का अपना राजा था। हर राजा से किसी न किसी बात पर गंगदत्त का झगडा चलता ही रहता था। वह अपनी मूर्खता से कोई गलत काम करने लगता और बुद्धिमान मेढक रोकने की कोशिश करता तो मौका मिलते ही अपने पाले गुंडे मेढकों से पिटवा देता। कुएं के मेढकों में भीतर गंगदत्त के प्रति रोष बढता जा रहा था। घर में भी झगडों से चैन न था। अपनी हर मुसीबत के लिए दोष देता।

एक दिन गंगदत्त पडौसी मेढक राजा से खूब झगडा। खूब तू-तू मैं-मैं हुई। गंगदत्त ने अपने कुएं आकर बताया कि पडौसी राजा ने उसका अपमान किया हैं। अपमान का बदला लेने के लिए उसने अपने मेढकों को आदेश दिया कि पडौसी कुएं पर हमला करें सब जानते थे कि झगडा गंगदत्त ने ही शुरु किया होगा।

कुछ स्याने मेढकों तथा बुद्धिमानों ने एकजुट होकर एक स्वर में कहा "राजन, पडौसी कुएं में हमसे दुगने मेढक हैं। वे स्वस्थ व हमसे अधिक ताकतवर हैं। हम यह लडाई नहीं लडेंगे।"

गंगदत्त सन्न रह गया और बुरी तरह तिलमिला गया। मन ही मन में उसने ठान ली कि इन गद्दारों को भी सबक सिखाना होगा। गंगदत्त ने अपने बेटों को बुलाकर भडकाया "बेटा, पडौसी राजा ने तुम्हारे पिताश्री का घोर अपमान किया हैं। जाओ, पडौसी राजा के बेटों की ऐसी पिटाई करो कि वे पानी मांगने लग जाएं।"

गंगदत्त के बेटे एक दूसरे का मुंह देखने लगे। आखिर बडे बेटे ने कहा "पिताश्री, आपने कभी हमें टर्राने की इजाजत नहीं दी। टर्राने से ही मेढकों में बल आता हैं, हौसला आता हैं और जोश आता हैं। आप ही बताइए कि बिना हौसले और जोश के हम किसी की क्या पिटाई कर पाएंगे?"

अब गंगदत्त सबसे चिढ गया। एक दिन वह कुढता और बडबडाता कुएं से बाहर निकल इधर-उधर घूमने लगा। उसे एक भयंकर नाग पास ही बने अपने बिल में घुसता नजर आया। उसकी आंखें चमकी। जब अपने दुश्मन बन गए हो तो दुश्मन को अपना बनाना चाहिए। यह सोच वह बिल के पास जाकर बोला "नागदेव, मेरा प्रणाम।"

नागदेव फुफकारा "अरे मेढक मैं तुम्हारा बैरी हूं। तुम्हें खा जाता हूं और तू मेरे बिल के आगे आकर मुझे आवाज दे रहा हैं।

गंगदत्त टर्राया "हे नाग, कभी-कभी शत्रुओं से ज्यादा अपने दुख देने लगते हैं। मेरा अपनी जाति वालों और सगों ने इतना घोर अपमान किया हैं कि उन्हें सबक सिखाने के लिए मुझे तुम जैसे शत्रु के पास सहायता मांगने आना पडा हैं। तुम मेरी दोस्ती स्वीकार करो और मजे करो।"

नाग ने बिल से अपना सिर बाहर निकाला और बोला "मजे, कैसे मजे?"

गंगदत्त ने कहा "मैं तुम्हें इतने मेढक खिलाऊंगा कि तुम मुटाते-मुटाते अजगर बन जाओगे।"

नाग ने शंका व्यक्त की "पानी में मैं जा नहीं सकता। कैसे पकड़ूंगा मेडक?"

गंगदत्त ने ताली बजाई "नाग भाई, यहीं तो मेरी दोस्ती तुम्हारे काम आएगी। मैने पडौसी राजाओं के कुओं पर नजर रखने के लिए अपने जासूस मेडकों से गुप्त सुरंगें खुदवा रखी हैं। हर कुएं तक उनका रास्ता जाता हैं। सुरंगें जहां मिलती हैं। वहां एक कक्ष हैं। तुम वहां रहना और जिस-जिस मेढक को खाने के लिए कहूं, उन्हें खाते जाना।"

नाग गंगदत्त से दोस्ती के लिए तैयार हो गया। क्योंकि उसमें उसका लाभ ही लाभ था। एक मूर्ख बदले की भावना में अंधे होकर अपनों को दुश्मन के पेट के हवाले करने को तैयार हो तो दुश्मन क्यों न इसका लाभ उठाए?

नाग गंगदत्त के साथ सुरंग कक्ष में जाकर बैठ गया। गंगदत्त ने पहले सारे पडौसी मेढक राजाओं और उनकी प्रजाओं को खाने के लिए कहा। नाग कुछ सप्ताहों में सारे दूसरे कुओं के मेढक सुरंगों के रास्ते जा-जाकर खा गया। जब सब समाप्त हो गए तो नाग गंगदत्त से बोला "अब किसे खाऊं? जल्दी बता। चौबीस घंटे पेट फुल रखने की आदत पड गई हैं।"

गंगदत्त ने कहा "अब मेरे कुए के सभी स्यानों और बुद्धिमान मेढकों को खाओ।"

वह खाए जा चुके तो प्रजा की बारी आई। गंगदत्त ने सोचा "प्रजा की ऐसी तैसी। हर समय कुछ न कुछ शिकायत करती रहती हैं। उनको खाने के बाद नाग ने खाना मांगा तो गंगदत्त बोला "नागमित्र, अब केवल मेरा कुनबा और मेरे मित्र बचे हैं। खेल खत्म और मेढक हजम।"

नाग ने फन फैलाया और फुफकारने लगा "मेढक, मैं अब कहीं नही जाने का। तू अब खाने का इंतजाम कर वर्ना हिस्स।"

गंगदत्त की बोलती बंद हो गई। उसने नाग को अपने मित्र खिलाए फिर उसके बेटे नाग के पेट में गए। गंगदत्त ने सोचा कि मैं और मेढकी जिन्दा रहे तो बेटे और पैदा कर लेंगे। बेटे खाने के बाद नाग फुफकारा "और खाना कहां हैं? गंगदत्त ने डरकर मेढकी की ओर इशार किया। गंगदत्त ने स्वयं के मन को समझाया "चलो बूढी मेढकी से छुटकारा मिला। नई जवान मेढकी से विवाह कर नया संसार बसाऊंगा।"

मेढकी को खाने के बाद नाग ने मुंह फाडा "खाना।"

गंगदत्त ने हाथ जोडे "अब तो केवल मैं बचा हूं। तुम्हारा दोस्त गंगदत्त । अब लौट जाओ।"

नाग बोला "तू कौन-सा मेरा मामा लगता हैं और उसे हडप गया।

सीखः अपनो से बदला लेने के लिए जो शत्रु का साथ लेता हैं उसका अंत निश्चित हैं।

13

पाठ : 13 झूठी शान - पंचतन्त्र' कहानियां

- पाठ : 13 झूठी शान - पंचतन्त्र' कहानियां

एक जंगल में पहाड की चोटी पर एक किला बना था। किले के एक कोने के साथ बाहर की ओर एक ऊंचा विशाल देवदार का पेड था। किले में उस राज्य की सेना की एक टुकडी तैनात थी। देवदार के पेड पर एक उल्लू रहता था। वह भोजन की तलाश में नीचे घाटी में फैले ढलवां चरागाहों में आता। चरागाहों की लम्बी घासों व झाडियों में कई छोटे-मोटे जीव व कीट-पतंगे मिलते, जिन्हें उल्लू भोजन बनाता। निकट ही एक बडी झील थी, जिसमें हंसो का निवास था। उल्लू पेड पर बैठा झील को निहारा करता। उसे हंसों का तैरना व उडना मंत्रमुग्ध करता। वह सोचा करता कि कितना शानदार पक्षी हैं हंस। एकदम दूध-सा सफेद, गुलगुला शरीर, सुराहीदार गर्दन, सुंदर मुख व तेजस्वी आंखे। उसकी बडी इच्छा होती किसी हंस से उसकी दोस्ती हो जाए।

एक दिन उल्लू पानी पीने के बहाने झील के किनारे उगी एक झाडी पर उतरा। निकट ही एक बहुत शालीन व सौम्य हंस पानी में तैर रहा था। हंस तैरता हुआ झाडी के निकट आया।

उल्लू ने बात करने का बहाना ढूंढा "हंस जी, आपकी आज्ञा हो तो पानी पी लूं। बडी प्यास लगी हैं।"

हंस ने चौंककर उसे देखा और बोला "मित्र! पानी प्रकृति द्वारा सबको दिया गया वरदान हैं। एस पर किसी एक का अधिकार नहीं।"

उल्लू ने पानी पीया। फिर सिर हिलाया जैसे उसे निराशा हुई हो। हंस ने पूछा "मित्र! असंतुष्टनजर आते हो। क्या प्यास नहीं बुझी?"

उल्लू ने कहा "हे हंस! पानी की प्यास तो बुझ गई पर आपकी बतो से मुझे ऐसा लगा कि आप नीति व ज्ञान के सागर हैं। मुझमें उसकी प्यास जग गई हैं। वह कैसे बुझेगी?"

हंस मुस्कुराया "मित्र, आप कभी भी यहां आ सकते हैं। हम बातें करेंगे। इस प्रकार मैं जो जानता हूं, वह आपका हो जाएगा और मैं भी आपसे कुछ सीखूंगा।"

इसके पश्चात हंस व उल्लू रोज मिलने लगे। एक दिन हंस ने उल्लू को बता दिया कि वह वास्तव में हंसों का राजा हंसराज हैं। अपना असली परिचय देने के बाद। हंस अपने मित्र को निमन्त्रण देकर अपने घर ले गया। शाही ठाठ थे। खाने के लिए कमल व नरगिस के फूलों के व्यंजन परोसे गए और जाने क्या-क्या दुर्लभ खाद्य थे, उल्लू को पता ही नहीं लगा। बाद में सौंफ-इलाइची की जगह मोती पेश किए गए। उल्लू दंग रह गया।

अब हंसराज उल्लू को महल में ले जाकर खिलाने-पिलाने लगा। रोज दावत उडती। उसे डर लगने लगा कि किसी दिन साधारण उल्लू समझकर हंसराज दोस्ती न तोड ले।

इसलिए स्वयं को कंसराज की बराबरी का बनाए रखने के लिए उसने झूठमूठ कह दिया कि वह भी उल्लूओं का राजा उल्लूक राज हैं। झूठ कहने के बाअद उल्लू को लगा कि उसका भी फर्ज बनता हैं कि हंसराज को अपने घर बुलाए।

एक दिन उल्लू ने दुर्ग के भीतर होने वाली गतिविधियों को गौर से देखा और उसके दिमाग में एक युक्ति आई। उसने दुर्ग की बातों को खूब ध्यान से समझा। सैनिकों के कार्यक्रम नोट किए। फिर वह चला हंस के पास। जब वह झील पर पहुंचा, तब हंसराज कुछ हंसनियों के साथ जल में तैर रहा था। उल्लू को देखते ही हंस बोला "मित्र, आप इस समय?"

उल्लू ने उत्तर दिया "हां मित्र! मैं आपको आज अपना घर दिखाने व अपना मेहमान बनाने के लिए ले जाने आया हूं। मैं कई बार आपका मेहमान बना हूं। मुझे भी सेवा का मौका दो।"

हंस ने टालना चाहा "मित्र, इतनी जल्दी क्या हैं? फिर कभी चलेंगे।"

उल्लू ने कहा "आज तो आपको लिए बिना नहीं जाऊंगा।"

हंसराज को उल्लू के साथ जाना ही पडा।

पहाड की चोटी पर बने किले की ओर इशारा कर उल्लू उडते-उडते बोला "वह मेरा किला हैं।" हंस बडा प्रभावित हुआ। वे दोनों जब उल्लू के आवास वाले पेड पर उतरे तो किले के सैनिकों की परेड शुरु होने वाली थी। दो सैनिक बुर्ज पर बिगुल बजाने लगे। उल्लू दुर्ग के सैनिकों के रिज के कार्यक्रम को याद कर चुका था इसलिए ठीक समय पर हंसराज को ले आया था।उल्लू बोला "देखो मित्र, आपके स्वागत में मेरे सैनिक बिगुल बजा रहे हैं। उसके बाद मेरी सेना परेड और सलामी देकर आपको सम्मानित करेगी।"

नित्य की तरह परेड हुई और झंडे को सलामी दी गयी। हंस समझा सचमुच उसी के लिए यह सब हो रहा हैं। अतः हंस ने गदगद होकर कहा "धन्य हो मित्र। आप तो एक शूरवीर राजा की भांति ही राज कर रहे हो।"

उल्लू ने हंसराज पर रौब डाला "मैंने अपने सैनिकों को आदेश दिया हैं कि जब तक मेरे परम मित्र राजा हंसराज मेरे अतिथि हैं, तब तक इसी प्रकार रोज बिगुल बजे व सैनिकों की परेड निकले।"

उल्लू को पता था कि सैनिकों का यह रोज का काम हैं। दैनिक नियम हैं। हंस को उल्लू ने फल, अखरोट व बनफशा के फूल खिलाए। उनको वह पहले ही जमा कर चुका था। भोजन का महत्व नहीं रह गया। सैनिकों की परेड का जादू अपना काम कर चुका था। हंसराज के दिल में उल्लू मित्र के लिए बहुत सम्मान पैदा हो चुका था।

उधर सैनिक टुकडी को वहां से कूच करने के आदेश मिल चुके थे। दूसरे दिन सैनिक अपना सामान समेटकर जाने लगे तो हंस ने कहा "मित्र, देखो आपके सैनिक आपकी आज्ञा लिए बिना कहीं जा रहे हैं।

उल्लू हडबडाकर बोला " किसी ने उन्हें गलत आदेश दिया होगा। मैं अभी रोकता हूं उन्हें।" ऐसा कह वह 'हूं हूं' करने लगा।

सैनिकों ने उल्लू का घुघुआना सुना व अपशकुन समझकर जाना स्थगित कर दिया। दूसरे दिन फिर वही हुआ। सैनिक जाने लगे तो उल्लू घुघुआया। सैनिकों के नायक ने क्रोधित होकर सैनिकों को मनहूस उल्लू को तीर मारने का आदेश दिया। एक सैनिक ने तीर छोडा। तीर उल्लू की बगल में बैठे हंस को लगा। वह तीर खाकर नीचे गिरा व फडफडाकर मर गया। उल्लू उसकी लाश के पास शोकाकुल हो विलाप करने लगा "हाय, मैंने अपनी झूठी शान के चक्कर में अपना परम मित्र खो दिया। धिक्कार हैं मुझे।"

उल्लू को आसपास की खबर से बेसुध होकर रोते देखकर एक सियार उस पर झपटा और उसका काम तमाम कर दिया।

सीखः झूठी शान बहुत महंगी पडती हैं। कभी भी झूठी शान के चक्कर में मत पडो।

14

पाठ : 14 ढोंगी सियार - पंचतन्त्र' कहानियां

- पाठ : 14 ढोंगी सियार - पंचतन्त्र' कहानियां

मिथिला के जंगलों में बहुत समय पहले एक सियार रहता था। वह बहुत आलसी था। पेट भरने के लिए खरगोशों व चूहों का पीछा करना व उनका शिकार करना उसे बडा भारी लगता था। शिकार करने में परिश्रम तो करना ही पडता हैं न। दिमाग उसका शैतानी था। यही तिकडम लगाता रहता कि कैसे ऐसी जुगत लडाई जाए जिससे बिना हाथ-पैर हिलाए भोजन मिलता रहे। खाया और सो गए। एक दिन उसी सोच में डूबा वह सियार एक झाडी में दुबका बैठा था।

बाहर चूहों की टोली उछल-कूद व भाग-दौड करने में लगी थी। उनमें एक मोटा-सा चूह था, जिसे दूसरे चूहे 'सरदार' कहकर बुला रहे थे और उसका आदेश मान रहे थे। सियार उन्हें देखता रहा। उसके मुंह से लार टपकती रही। फिर उसके दिमाग में एक तरकीब आई।

जब चूहे वहां से गए तो उसने दबे पांव उनका पीछा किया। कुछ ही दूर उन चूहों के बिल थे। सियार वापस लौटा। दूसरे दिन प्रातः ही वह उन चूहों के बिल के पास जाकर एक टांग पर खडा हो गया। उसका मुंह उगते सूरज की ओर था। आंखे बंद थी।

चूहे बोलों से निकले तो सियार को उस अनोखी मुद्रा में खडे देखकर वे बहुत चकित हुए। एक चूहे ने जरा सियार के निकट जाकर पूछा "सियार मामा, तुम इस प्रकार एक टांग पर क्यों खडे हो?"

सियार ने एक आंख खोलकर बोला "मूर्ख, तुने मेरे बारे में नहीं सुना कभी? मैं चारों टांगें नीचे टिका दूंगा तो धरती मेरा बोझ नहीं सम्भाल पाएगी। यह डोल जाएगी। साथ ही तुम सब नष्ट हो जाओगे। तुम्हारे ही कल्याण के लिए मुझे एक टांग पर खडे रहना पडता हैं।"

चूहों में खुसर-पुसर हुई। वे सियार के निकट आकर खडे हो गए। चूहों के सरदार ने कहा "हे महान सियार, हमें अपने बारे में कुछ बताइए।"

सियार ने ढोंग रचा "मैने सैकडों वर्ष हिमालय पर्वत पर एक टांग पर खडे होकर तपस्या की। मेरी तपस्या समाप्त होने पर एक टांग पर खडे होकर तपस्या की। मेरी तपस्या समाप्त होने पर सभी देवताओं ने मुझ पर फूलों की वर्षा की। भगवान ने प्रकट होकर कहा कि मेरे तप से मेरा भार इतना हो गया हैं कि मैं चारों पैर धरती पर रखूं तो धरती गिरती हुई ब्रह्मांड को फोडकर दूसरी ओर निकल जाएगी। धरती मेरी कृपा पार ही टिकी रहेगी। तबसे मैं एक टांग पर ही खडा हूं। मैं नहीं चाहता कि मेरे कारण दूसरे जीवों को कष्ट हो।"

सारे चूहों का समूह महातपस्वी सियार के सामने हाथ जोडकर खडा हो गया। एक चूहे ने पूछा "तपस्वी मामा, आपने अपना मुंह सूरज की ओर क्यों कर रखा हैं?"

सियार ने उत्तर दिया "सूर्य की पूजा के लिए।"

"और आपका मुंह क्यों खुला हैं?" दूसरे चूहे ने कहा।

"हवा खाने के लिए! मैं केवल हवा खाकर जिंदा रहता हूं। मुझे खाना खाने की जरुरत नहीं पडती। मेरे तप का बल हवा को ही पेट में भांति-भांति के पकवानों में बदल देता हैं।" सियार बोला।

उसकी इस बात को सुनकर चूहों पर जबरदस्त प्रभाव पडा। अब सियार की ओर से उनका सारा भय जाता रहा। वे उसके और निकट आ गए। अपनी बात का असर चूहों पर होता देख मक्कार सियार दिल ही दिल में खूब हंसा। अब चूहे महातपस्वी सियार के भक्त बन गए। सियार एक टांग पर खडा रहता और चूहे उसके चारों ओर बैठकर ढोलक, मजीरे, खडताल और चिमटे लेकर उसके भजन गाते।

सियार सियारम् भजनम् भजनम।

भजन किर्तन समाप्त होने के बाद चूहों की टोलियां भक्ति रस में डूबकर अपने बिलों में घुसने लगती तो सियार सबसे बाद के तीन-चार चूहों को दबोचकर खा जाता। फिर रात भर आराम करता, सोता और डकारें लेता।

सुबह होते ही फिर वह चूहों के बिलों के पास आकर एक टांग पर खडा हो जाता और अपना नाटक चालू रखता। धी चूहों की संख्या कम होने लगी। चूहों के सरदार की नजर से यह बात छिपी नहीं रही। एक दिन सरदार ने सियार से पूछ ही लिया "हे महात्मा सियार, मेरी टोली के चूहे मुझे कम होते नजर आ रहे हैं। ऐसा क्यों हो रहा हैं?"

सियार ने आर्शीवाद की मुद्रा में हाथ उठाया "हे चतुर मूषक, यह तो होना ही था। जो सच्चे मन से मेरी भक्ति लरेगा, वह सशरीर बैकुण्ठ को जाएगा। बहुत से चूहे भक्ति का फल पा रहे हैं।"

चूहो के सरदार ने देखा कि सियार मोटा हो गया हैं। कहीं उसका पेट ही तो वह बैकुण्ठ लोक नहीं हैं, जहां चूहे जा रहे हैं?

चूहों के सरदार ने बाकी बचे चूहों को चेताया और स्वयं उसने दूसरे दिन सबसे बाद में बिल में घुसने का निश्चय किया। भजन समाप्त होने के बाद चूहे बिलों में घुसे। सियार ने सबसे अंत के चूहे को दबोचना चाहा।

चूहों का सरदार पहले ही चौकन्ना था। वह दांव मारकर सियार का पंजा बचा गया। असलियत का पता चलते ही वह उछलकर सियार की गर्दन पर चढ गया और उसने बाकी चूहों को हमला करने के लिए कहा। साथ ही उसने अपने दांत सियार की गर्दन में गढा दिए। बाकी चूहे भी सियार पर झपटे और सबने कुछ ही देर में महात्मा सियार को कंकाल सियार बना दिया। केवल उसकी हड्डियों का पिंजर बचा रह गया।

सीखः ढोंग कुछ ही दिन चलता हैं, फिर ढोंगी को अपनी करनी का फल मिलता ही हैं।

15

पाठ : 15 ढोल की पोल - पंचतन्त्र' कहानियां

- पाठ : 15 ढोल की पोल - पंचतन्त्र' कहानियां

एक बार एक जंगल के निकटदो राजाओं के बीच घोर युद्ध हुआ। एक जीता दूसरा हारा। सेनाएं अपने नगरों को लौट गईं। बस, सेना का एक ढोल पीछे रह गया। उस ढोल को बजा-बजाकर सेना के साथ गए भांड व चारण रात को वीरता की कहानियां सुनाते थे।

युद्ध के बाद एक दिन आंधी आई। आंधी के जोर में वह ढोल लुढकता-पुढकता एक सूखे पेड के पास जाकर टिक गया। उस पेड की सूखी टहनियां ढोल से इस तरह से सट गई थी कि तेज हवा चलते ही ढोल पर टकरा जाती थी और ढमाढम ढमाढम की गुंजायमान आवाज होती।

एक सियार उस क्षेत्र में घूमता था। उसने ढोल की आवाज सुनी। वह बडा भयभीत हुआ। ऐसी अजीब आवाज बोलते पहले उसने किसी जानवर को नहीं सुना था। वह सोचने लगा कि यह कैसा जानवर हैं, जो ऐसी जोरदार बोली बोलता हैं'ढमाढम'। सियार छिपकर ढोल को देखता रहता, यह जानने के लिए कि यह जीव उडने वाला हैं या चार टांगो पर दौडने वाला।

एक दिन सियार झाडी के पीछे छुप कर ढोल पर नजर रखे था। तभी पेड से नीचे उतरती हुई एक गिलहरी कूदकर ढोल पर उतरी। हलकी-सी ढम की आवाज भी हुई। गिलहरी ढोल पर बैठी दाना कुतरती रही।

सियार बडबडाया "ओह! तो यह कोई हिंसक जीव नहीं हैं। मुझे भी डरना नहीं चाहिए।"

सियार फूंक-फूंककर कदम रखता ढोल के निकट गया। उसे सूंघा। ढोल का उसे न कहीं सिर नजर आया और न पैर। तभी हवा के झुंके से टहनियां ढोल से टकराईं। ढम की आवाज हुई और सियार उछलकर पीछे जा गिरा।

"अब समझ आया।" सियार उढने की कोशिश करता हुआ बोला "यह तो बाहर का खोल हैं।जीव इस खोल के अंदर हैं। आवाज बता रही हैं कि जो कोई जीव इस खोल के भीतर रहता हैं, वह मोटा-ताजा होना चाहिए। चर्बी से भरा शरीर। तभी ये ढम=ढम की जोरदार बोली बोलता हैं।"

अपनी मांद में घुसते ही सियार बोला "ओ सियारी! दावत खाने के लिए तैयार हो जा। एक मोटे-ताजे शिकार का पता लगाकर आया हूं।"

सियारी पूछने लगी "तुम उसे मारकर क्यों नहीं लाए?"

सियार ने उसे झिडकी दी "क्योंकि मैं तेरी तरह मूर्ख नहीं हूं। वह एक खोल के भीतर छिपा बैठा हैं। खोल ऐसा हैं कि उसमें दो तरफ सूखी चमडी के दरवाजे हैं।मैं एक तरफ से हाथ डाल उसे पकडने की कोशिश करता तो वह दूसरे दरवाजे से न भाग जाता?"

चांद निकलने पर दोनों ढोल की ओर गए। जब वह् निकट पहुंच ही रहे थे कि फिर हवा से टहनियां ढोल पर टकराईं और ढम-ढम की आवाज निकली। सियार सियारी के कान में बोला "सुनी उसकी आवाज्? जरा सोच जिसकी आवाज ऐसी गहरी हैं, वह खुद कितना मोटा ताजा होगा।"

दोनों ढोल को सीधा कर उसके दोनों ओर बैठे और लगे दांतो से ढोल के दोनों चमडी वाले भाग के किनारे फाडने। जैसे ही चमडियां कटने लगी, सियार बोला "होशियार रहना। एक साथ हाथ अंदर डाल शिकार को दबोचना हैं।" दोनों ने 'हूं' की आवाज के साथ हाथ ढोल के भीतर डाले और अंदर टटोलने लगे। अदंर कुछ नहीं था। एक दूसरे के हाथ ही पकड में आए। दोंनो चिल्लाए "हैं! यहां तो कुछ नहीं हैं।" और वे माथा पीटकर रह गए।

सीखः शेखी मारने वाले ढोल की तरह ही अंदर से खोखले होते हैं।

16

पाठ : 16 तीन मछलियां - पंचतन्त्र' कहानियां

- पाठ : 16 तीन मछलियां - पंचतन्त्र' कहानियां

एक नदी के किनारे उसी नदी से जुडा एक बडा जलाशय था। जलाशय में पानी गहरा होता हैं, इसलिए उसमें काई तथा मछलियों का प्रिय भोजन जलीय सूक्ष्म पौधे उगते हैं। ऐसे स्थान मछलियों को बहुत रास आते हैं। उस जलाशय में भी नदी से बहुत-सी मछलियां आकर रहती थी। अंडे देने के लिए तो सभी मछलियां उस जलाशय में आती थी। वह जलाशय लम्बी घास व झाडियों द्वारा घिरा होने के कारण आसानी से नजर नहीं आता था।

उसी मे तीन मछलियों का झुंड रहता था। उनके स्वभाव भिन्न थे। अन्ना संकट आने के लक्षण मिलते ही संकट टालने का उपाय करने में विश्वास रखती थी। प्रत्यु कहती थी कि संकट आने पर ही उससे बचने का यत्न करो। यद्दी का सोचना था कि संकट को टालने या उससे बचने की बात बेकार हैं करने कराने से कुछ नहीं होता जो किस्मत में लिखा है, वह होकर रहेगा।

एक दिन शाम को मछुआरे नदी में मछलियां पकडकर घर जा रहे थे। बहुत कम मछलियां उनके जालों में फंसी थी। अतः उनके चेहरे उदास थे। तभी उन्हें झाडियों के ऊपर मछलीखोर पक्षियों का झुंड जाता दिकाई दिया। सबकी चोंच में मछलियां दबी थी। वे चौंके।

एक ने अनुमान लगाया "दोस्तो! लगता हैं झाडियों के पीछे नदी से जुडा जलाशय हैं, जहां इतनी सारी मछलियां पल रही हैं।"

मछुआरे पुलकित होकर झाडियों में से होकर जलाशय के तट पर आ निकले और ललचाई नजर से मछलियों को देखने लगे।

एक मछुआरा बोला "अहा! इस जलाशय में तो मछलियां भरी पडी हैं। आज तक हमें इसका पता ही नहीं लगा।" "यहां हमें ढेर सारी मछलियां मिलेंगी।" दूसरा बोला।

तीसरे ने कहा "आज तो शाम घिरने वाली हैं। कल सुबह ही आकर यहां जाल डालेंगे।"

इस प्रकार मछुआरे दूसरे दिन का कार्यक्रम तय करके चले गए। तीनों मछलियों ने मछुआरे की बात सुन ला थी।

अन्ना मछली ने कहा "साथियो! तुमने मछुआरे की बात सुन ली। अब हमारा यहां रहना खतरे से खाली नहीं हैं। खतरे की सूचना हमें मिल गई हैं। समय रहते अपनी जान बचाने का उपाय करना चाहिए। मैं तो अभी ही इस जलाशय को छोडकर नहर के रास्ते नदी में जा रही हूं। उसके बाद मछुआरे सुबह आएं, जाल फेंके, मेरी बला से। तब तक मैं तो बहुत दूर अटखेलियां कर रही हो-ऊंगी।'

प्रत्यु मछली बोली "तुम्हें जाना हैं तो जाओ, मैं तो नहीं आ रही। अभी खतरा आया कहां हैं, जो इतना घबराने की जरूरत हैं हो सकता है संकट आए ही न। उन मछुआरों का यहां आने का कार्यक्रम रद्द हो सकता है, हो सकता हैं रात को उनके जाल चूहे कुतर जाएं, हो सकता है। उनकी बस्ती में आग लग जाए। भूचाल आकर उनके गांव को नष्ट कर सकता हैं या रात को मूसलाधार वर्षा आ सकती हैं और बाढ में उनका गांव बह सकता हैं। इसलिए उनका आना निश्चित नहीं हैं। जब वह आएंगे, तब की तब सोचेंगे। हो सकता हैं मैं उनके जाल में ही न फंसूं।"

यद्दी ने अपनी भाग्यवादी बात कही "भागने से कुछ नहीं होने का। मछुआरों को आना हैं तो वह आएंगे। हमें जाल में फंसना हैं तो हम फंसेंगे। किस्मत में मरना ही लिखा हैं तो क्या किया जा सकता हैं?"

इस प्रकार अन्ना तो उसी समय वहां से चली गई। प्रत्यु और यद्दी जलाशय में ही रही। भोर हुई तो मछुआरे अपने जाल को लेकर आए और लगे जलाशय में जाल फेंकने और मछलियां पकडने। प्रत्यु ने संकट को आए देखा तो लगी जान बचाने के उपाय सोचने। उसका दिमाग तेजी से काम करने लगा। आस-पास छिपने के लिए कोई खोखली जगह भी नहीं थी। तभी उसे याद आया कि उस जलाशय में काफी दिनों से एक मरे हुए ऊदबिलाव की लाश तैरती रही हैं। वह उसके बचाव के काम आ सकती हैं।

जल्दी ही उसे वह लाश मिल गई। लाश सडने लगी थी। प्रत्यु लाश के पेट में घुस गई और सडती लाश की सडांध अपने ऊपर लपेटकर बाहर निकली। कुछ ही देर में मछुआरे के जाल में प्रत्यु फंस गई। मछुआरे ने अपना जाल खींचा और मछलियों को किनारे पर जाल से उलट दिया। बाकी मछलियां तो तडपने लगीं, परन्तु प्रत्यु दम साधकर मरी हुई मछली की तरह पडी रही। मचुआरे को सडांध का भभका लगा तो मछलियों को देखने लगा। उसने निश्चल पडी प्रत्यु को उठाया और सूंघा "आक! यह तो कई दिनों की मरी मछली हैं। सड चुकी हैं।" ऐसे बडबडाकर बुरा-सा मुंह बनाकर उस मछुआरे ने प्रत्यु को जलाशय में फेंक दिया।

प्रत्यु अपनी बुद्धि का प्रयोग कर संकट से बच निकलने में सफल हो गई थी। पानी में गिरते ही उसने गोता लगाया और सुरक्षित गहराई में पहुंचकर जान की खैर मनाई।

यद्दी भी दूसरे मछुआरे के जाल में फंस गई थी और एक टोकरे में डाल दी गई थी। भाग्य के भरोसे बैठी रहने वाली यद्दी ने उसी टोकरी में अन्य मछलियों की तरह तड़प-तड़पकर प्राण त्याग दिए।

सीखः भाग्य के भरोसे हाथ पर हाथ धरकर बैठे रहने वाले का विनाश निश्चित हैं।

17

पाठ : 17 दुश्मन का स्वार्थ - पंचतन्त्र' कहानियां

- पाठ : 17 दुश्मन का स्वार्थ - पंचतन्त्र' कहानियां

एक पर्वत के समीप बिल में मंदविष नामक एक बूढ़ा सांप रहता था। अपनी जवानी में वह बड़ा रौबीला सांप था। जब वह लहराकर चलता तो बिजली-सी कौंध जाती थी पर बुढ़ापा तो बड़े-बड़ों का तेज हर लेता हैं।बुढ़ापे की मार से मंदविष का शरीर कमजोर पड़ गया था। उसके विषदंत हिलने लगेथे और फुफकारते हुए दम फूल जाता था। जो चूहे उसके साए से भी दूर भागते थे, वे अब उसके शरीर को फांदकर उसे चिढ़ाते हुए निकल जाते। पेट भरने के लिए चूहों के भी लाले पड़ गए थे। मंदविष इसी उधेड़बुन में लगा रहता कि किस प्रकार आराम से भोजन का स्थाई प्रबंध किया जाए। एक दिन उसे एक उपाय सूझा और उसे आजमाने के लिए तह दादुर सरोवर के किनारे जा पहुंचा। दादुर सरोवर में मेढकों की भरमार थी। वहां उन्हीं का राज था। मंदविष वहां इधर-उधर घूमने लगा। तभी उसे एक पत्थर पर मेढकों का राजा बैठा नजर आया। मंदविष ने उसे नमस्कार किया "महाराज की जय हो।"

मेढकराज चौंका "तुम! तुम तो हमारे बैरी हो। मेरी जय का नारा क्यों लगा रहे हो?"

मंदविष विनम्र स्वर में बोला "राजन, वे पुरानी बातें हैं। अब तो मैं आप मेढकों की सेवा करके पापों को धोना चाहता हूं। श्राप से मुक्ति चाहता हूं। ऐसा ही मेरे नागगुरु का आदेश हैं।"

मेढकराज ने पूछा "उन्होंने ऐसा विचित्र आदेश क्यों दिया?"

मंदविष ने मनगढंत कहानी सुनाई "राजन्, एक दिन मैं एक उद्यान में घूम रहा था। वहां कुछ मानव बच्चे खेल रहे थे। गलती से एक बच्चे का पैर मुझ पर पड़ गया और बचाव स्वभाववश मैंने उसे काटा और वह बच्चा मर गया। मुझे सपने में भगवान श्रीकृष्ण नजर आए और श्राप दिया कि मैं वर्ष समाप्त होते ही पत्थर का हो जाऊंगा। मेरे गुरुदेव ने कहा कि बालक की मृत्यु का कारण बन मैंने कृष्णजी को रुष्ट कर दिया हैं,क्योंकि बालक कृष्ण का

ही रुप होते हैं। बहुत गिडगिडाने पर गुरुजी ने श्राप मुक्ति का उपाय बताया। उपाय यह हैं कि मैं वर्ष के अंत तक मेढकों को पीठ पर बैठाकर सैर कराऊं।"

मंदविष कि बात सुनकर मेढकराज चकित रह गया। सांप की पीठ पर सवारी करने का आज तक किस मेढक को श्रेय प्राप्त हुआ? उसने सोचा कि यह तो एक अनोखा काम होगा। मेढकराज सरोवर में कूद गया और सारे मेढकों को इकट्ठा कर मंदविष की बात सुनाई। सभी मेढक भौंचक्के रह गए।

एक बूढा मेढक बोला "मेढक एक सर्प की सवारे करें। यह एक अदभुत बात होगी। हम लोग संसार में सबसे श्रेष्ठ मेढक माने जाएंगे।"

एक सांप की पीठ पर बैठकर सैर करने के लालच ने सभी मेढकों की अक्ल पर पर्दा डाल दिया था। सभी ने 'हां' में 'हां' मिलाई। मेढकराज ने बाहर आकर मंदविष से कहा "सर्प, हम तुम्हारी सहायता करने के लिए तैयार हैं।"

बस फिर क्या था। आठ-दस मेढक मंदविष की पीठ पर सवार हो गए और निकली सवारी। सबसे आगे राजा बैठा था। मंदविष ने इधर-उधर सैर कराकर उन्हेण् सरोवर तट पर उतार दिया। मेढक मंदविष के कहने पर उसके सिर पर से होते हुए आगे उतरे। मंदविष सबसे पीछे वाले मेढक को गप्प खा गया। अब तो रोज यही क्रम चलने लगा। रोज मंदविष की पीठ पर मेढकों की सवारी निकलती और सबसे पीछे उतरने वाले को वह खा जाता।

एक दिन एक दूसरे सर्प ने मंदविष को मेढकों को ढोते द्ख लिया। बाद में उसने मंदविष को बहुत धिक्कारा "अरे!क्यों सर्प जाति की नाक कटवा रहा हैं?"

मंदविष ने उत्तर दिया "समय पडने पर नीति से काम लेना पडता हैं। अच्छे-बुरे का मेरे सामने सवाल नहीं हैं। कहते हैं कि मुसीबत के समय गधे को भी बाप बनाना पडे तो बनाओ।"

मंदविष के दिन मजे से कटने लगे। वह पीछे वाले वाले मेढक को इस सफाईसे खा जाता कि किसी को पता न लगता। मेढक अपनी गिनती करना तो जानते नहीं थे, जो गिनती द्वारा माजरा समझ लेते।

एक दिन मेढकराज बोला "मुझे ऐसा लग हा हैं कि सरोवर में मेढक पहले से कम हो गए हैं। पता नहीं क्या बात हैं?"

मंदविष ने कहा "हे राजन, सर्प की सवारी करने वाले महान मेढक राजा के रुप में आपकी ख्याति दूर-दूर तक पहुंच रही हैं। यहां के बहुत से मेढक आपका यश फैलाने दूसरे सरोवरों, तलों व झीलों में जा रहे हैं।"

मेढकराज की गर्व से छाती फूल गई। अब उसे सरोवर में मेढकों के कम होने का भी गम नहीं था। जितने मेढक कम होते जाते, वह यह सोचकर उतना ही प्रसन्न होता कि सारे संसार में उसका झंडा गड रहा हैं।

आखिर वह दिन भी आया, जब सारे मेढक समाप्त हो गए। केवल मेढकराज अकेला रह गया। उसने स्वयं को अकेले मंदविष की पीठ पर बैठा पाया तो उसने मंदविष से पूछा "लगता हैं सरोवर में मैं अकेला रह गया हूं। मैं अकेला कैसे रहूंगा?"

मंदविष मुस्कुराया "राजन, आप चिन्ता न करें। मैं आपका अकेलापन भी दूर कर दूंगा।"

ऐसा कहते हुए मंदविष ने मेढकराज को भी गप्प से निगल लिया और वहीं भेजा जहां सरोवर के सारे मेढक पहुंचा दिए गए थे।

सीखः शत्रु की बातों पर विश्वास करना अपनी मौत को दावत देना हैं।

18

पाठ : 18 दुष्ट सर्प - पंचतन्त्र' कहानियां

- पाठ : 18 दुष्ट सर्प - पंचतन्त्र' कहानियां

एक जंगल में एक बहुत पुराना बरगद का पेड था। उस पेड पर घोंसला बनाकर एक कौआ-कव्वी का जोडा रहता था। उसी पेड के खोखले तने में कहीं से आकर एक दुष्ट सर्प रहना लगा। हर वर्ष मौसल आने पर कव्वी घोंसले में अंडे देती और दुष्ट सर्प मौका पाकर उनके घोंसले में जाकर अंडे खा जाता। एक बार जब कौआ व कव्वी जल्दी भोजन पाकर शीघ्र ही लौट आए तो उन्होंने उस दुष्ट सर्प को अपने घोंसले में रखे अंडों पर झपट्टे देखा।

अंडे खाकर सर्प चला गया कौए ने कव्वी को ढाडस बंधाया "प्रिये, हिम्मत रखो। अब हमें शत्रु का पता चल गया हैं। कुछ उपाय भी सोच लेंगे।"

कौए ने काफी सोचा विचारा और पहले वाले घोंसले को छोड उससे काफी ऊपर टहनी पर घोंसला बनाया और कव्वी से कहा "यहां हमारे अंडे सुरक्षित रहेंगे। हमारा घोंसला पेड की चोटी के किनारे निकट हैं और ऊपर आसमान में चील मंडराती रहती हैं। चील सांप की बैरी हैं। दुष्ट सर्प यहां तक आने का साहस नहीं कर पाएगा।"

कौवे की बात मानकर कव्वी ने नए घोंसले में अंडे सुरक्षित रहे और उनमें से बच्चे भी निकल आए।

उधर सर्प उनका घोंसला खाली देखकर यह समझा कि कि उसके डर से कौआ कव्वी शायद वहां से चले गए हैं पर दुष्ट सर्प टोह लेता रहता था। उसने देखा कि कौआ-कव्वी उसी पेड से उडते हैं और लौटते भी वहीं हैं। उसे यह समझते देर नहीं लगी कि उन्होंने नया घोंसला उसी पेड पर ऊपर बना रखा हैं। एक दिन सर्प खोह से निकला और उसने कौओं का नया घोंसला खोज लिया।

घोंसले में कौआ दंपती के तीन नवजात शिशु थे। दुष्ट सर्प उन्हें एक-एक करके घपाघप निगल गया और अपने खोह में लौटकर डकारें लेने लगा।

कौआ व कव्वी लौटे तो घोंसला खाली पाकर सन्न रह गए। घोंसले में हुई टूट-फूट व नन्हें कौओं के कोमल पंख बिखरे देखकर वह सारा माजरा समझ गए। कव्वी की छाती तो दुख से फटने लगी। कव्वी बिलख उठी "तो क्या हर वर्ष मेरे बच्चे सांप का भोजन बनते रहेंगे?"

कौआ बोला "नहीं! यह माना कि हमारे सामने विकट समस्या हैं पर यहां से भागना ही उसका हल नहीं हैं। विपत्ति के समय ही मित्र काम आते हैं। हमें लोमडी मित्र से सलाह लेनी चाहिए।"

दोनों तुरंत ही लोमडी के पास गए। लोमडी ने अपने मित्रों की दुख भरी कहानी सुनी। उसने कौआ तथा कव्वी के आंसू पोंछे। लोमडी ने काफी सोचने के बाद कहा "मित्रो! तुम्हें वह पेड छोड़कर जाने की जरुरत नहीं हैं। मेरे दिमाग में एक तरकीब आ रही हैं, जिससे उस दुष्टसर्प से छुटकारा पाया जा सकता हैं।"

लोमडी ने अपने चतुर दिमाग में आई तरकीब बताई। लोमडी की तरकीब सुनकर कौआ-कव्वी खुशी से उछल पडें। उन्होंने लोमडी को धन्यवाद दिया और अपने घर लौट आए। अगले ही दिन योजना अमल में लानी थी। उसी वन में बहुत बडा सरोवर था। उसमें कमल और नरगिस के फूल खिले रहते थे। हर मंगलवार को उस प्रदेश की राजकुमारी अपनी सहेलियों के साथ वहां जल-क्रीडा करने आती थी। उनके साथ अंगरक्षक तथा सैनिक भी आते थे।

इस बार राजकुमारी आई और सरोवर में स्नान करने जल में उतरी तो योजना के अनुसार कौआ उडता हुआ वहां आया। उसने सरोवर तट पर राजकुमारी तथा उसकी सहेलियों द्वारा उतारकर रखे गए कपडों व आभूषणों पर नजर डाली। कपडे से सबसे ऊपर था राजकुमारी का प्रिय हीरे व मोतियों का विलक्षण हार।

कौए ने राजकुमारी तथा सहेलियों का ध्यान अपनी और आकर्षित करने के लिए 'कांव-कांव' का शोर मचाया। जब सबकी नजर उसकी ओर घूमी तो कौआ राजकुमारी का हार चोंच में दबाकर ऊपर उड गया। सभी सहेलियां चीखी "देखो, देखो! वह राजकुमारी का हार उठाकर ले जा रहा हैं।"

सैनिकों ने ऊपर देखा तो सचमुच एक कौआ हार लेकर धीरे-धीरे उडता जा रहा था। सैनिक उसी दिशा में दौडनेलगे। कौआ सैनिकों को अपने पीचे लगाकर धीरे-धीरे उडता हुआ उसी पेड की ओर ले आया। जब सैनिक कुच ही दूर रह गए तो कौए ने राजकुमारी का हार इस प्रकार गिराया कि वह सांप वाले खोह के भीतर जा गिरा।

सैनिक दौडकर खोह के पास पहुंचे। उनके सरदार ने खोह के भीतर झांका। उसने वहां हार और उसके पास में ही एक काले सर्प को कुंडली मारे देखा। वह चिल्लाया "पीछे हटो! अंदर एक नाग हैं।" सरदार ने खोह के भीतर भाला मारा। सर्प घायल हुआ और फुफकारता हुआ बाहर निकला। जैसे ही वह बाहर आया, सैनिकों ने भालों से उसके टुकडे-टुकडे कर डाले।

सीखः बुद्धि का प्रयोग करके हर संकट का हल निकाला जा सकता हैं।

19

पाठ : 19 नकल करना बुरा है - पंचतन्त्र' कहानियां

• पाठ : 19 नकल करना बुरा है - पंचतन्त्र' कहानियां

एक पहाड़ की ऊंची चोटी पर एक बाज रहता था। पहाड़ की तराई में बरगद के पेड़ पर एक कौआ अपना घोंसला बनाकर रहता था। वह बड़ा चालाक और धूर्त था। उसकी कोशिश सदा यही रहती थी कि बिना मेहनत किए खाने को मिल जाए। पेड़ के आसपास खोह में खरगोश रहते थे। जब भी खरगोश बाहर आते तो बाज ऊंची उड़ान भरते और एकाध खरगोश को उठाकर ले जाते।

एक दिन कौए ने सोचा, 'वैसे तो ये चालाक खरगोश मेरे हाथ आएंगे नहीं, अगर इनका नर्म मांस खाना है तो मुझे भी बाज की तरह करना होगा। एकाएक झपट्टा मारकर पकड़ लूंगा।'

दूसरे दिन कौए ने भी एक खरगोश को दबोचने की बात सोचकर ऊंची उड़ान भरी। फिर उसने खरगोश को पकड़ने के लिए बाज की तरह जोर से झपट्टा मारा। अब भला कौआ बाज का क्या मुकाबला करता। खरगोश ने उसे देख लिया और झट वहां से भागकर चट्टान के पीछे छिप गया। कौआ अपनी ही झोंक में उस चट्टान से जा टकराया। नतीजा, उसकी चोंच और गरदन टूट गईं और उसने वहीं तड़प कर दम तोड़ दिया।

शिक्षा—नकल करने के लिए भी अकल चाहिए।

20

पाठ : 20 बंदर का कलेजा - पंचतन्त्र' कहानियां

* पाठ : 20 बंदर का कलेजा - पंचतन्त्र' कहानियां

एक नदी किनारे हरा-भरा विशाल पेड था। उस पर खूब स्वादिष्ट फल उगे रहते। उसी पेड पर एक बंदर रहता था। बडा मस्त कलंदर। जी भरकर फल खाता, डालियों पर झूलता और कूदता-फांदता रहता। उस बंदर के जीवन में एक ही कमी थी कि उसका अपना कोई नहीं था। मां-बाप के बारे में उसे कुछ याद नहीं था न उसके कोई भाई थाऔर न कोई बहन, जिनके साथ वह खेलता। उस क्षेत्र में कोई और बंदर भी नहीं था जिससे वह दोस्ती गांठ पाता। एक दिन वह एक डाल पर बैठा नदी का नजारा देख रहा था कि उसे एक लंबा विशाल जीव उसी पेड की ओर तैरकर आता नजर आया। बंदर ने ऐसा जीव पहले कभी नहीं देखा था। उसने उस विचित्र जीव से पूछा "अरे भाई, तुम क्या चीज हो?"

विशाल जीव ने उत्तर दिया "मैं एक मगरमच्छ हूं। नदी में इस वर्ष मछिलयों का अकाल पड गया हैं। बस, भोजन की तलाश में घूमता-घूमता इधर आ निकला हूं।"

बंदर दिल का अच्छा था। उसने सोचा कि पेड पर इतने फल हैं, इस बेचारे को भी उनका स्वाद चखना चाहिए। उसने एक फल तोडकर मगर की ओर फेंका। मगर ने फल खाया बहुत रसीला और स्वादिष्ट वह फटाफट फल खा गया और आशा से फिर बंदर की ओर देखने लगा।

बंदर ने मुस्कराकर और फल फेंकें। मगर सारे फल खा गया और अंत में उसने संतोष-भरी डकार ली और पेट थपथपाकर बोला "धन्यवाद, बंदर भाई। खूब छक गया, अब चलता हूं।" बंदर ने उसे दूसरे दिन भी आने का न्यौता दे दिया।

मगर दूसरे दिन आया। बंदर ने उसे फिर फल खिलाए। इसी प्रकार बंदर और मगर में दोस्ती जमने लगी। मगर रोज आता दोनों फल खाते-खिलाते, गपशप मारते। बंदर तो वैसे भी अकेला रहता था। उसे मगर से दोस्ती करके बहुत प्रसन्नता हुई। उसका अकेलापन दूर हुआ। एक साथी मिला। दो मिलकर मौज-मस्ती करें तो दुगना आनन्द आता हैं। एक दिन बातों-बातों में पता लगा कि मगर का घर नदी के शूसरे तट पर हैं, जहां उसकी पत्नी भी रहती हैं। यह जानते ही बंदर ने उलाहन दिया "मगर भाई, तुमने इतने दिन मुझे भाभीजी के बारे में नहीं बताया मैं अपनी भाभीजी के लिए रसीले फल देता। तुम भी अजीब निकट्टू हो अपना पेट भरते रहे और मेरी भाभी के लिए कभी फल लेकर नहीं गए।

उस शाम बंदर ने मगर को जाते समय ढेर सारे फल चुन-चुनकर दिए। अपने घर पहुंचकर मगरमच्छ ने वह फल अपनी पत्नी मगरमच्छनी को दिए। मगरमच्छनी ने वह स्वाद भरे फल खाए और बहुत संतुष्ट हुई। मगर ने उसे अपने मित्र के बारे में बताया। पत्नी को विश्वास न हुआ। वह बोली "जाओ, मुझे बना रहे हो। बंदर की कभी किसी मगर से दोस्ती हुई हैं?"

मगर ने यकीन दिलाया "यकीन करो भाग्यवान! वर्ना सोचो यह फल मुझे कहां से मिले? मैं तो पेड पर चढने से रहा।"

मगरनी को यकीन करना पडा। उस दिन के बाद मगरनी को रोज बंदर द्वारा भेजे फल खाने को मिलने लगे। उसे फल खाने को मिलते यह तो ठीक था, पर मगर का बंदर से दोस्ती के चक्कर में दिन भर दूर रहना उसे खलना लगा। खाली बैठे-बैठे ऊंच-नीच सोचने लगी।

वह स्वभाव से दुष्टा थी। एक दिन उसका दिल मचल उठा "जो बंदर इतने रसीले फल खाता हैं,उसका कलेजा कितना स्वादिष्ट होगा?" अब वह चालें सोचने लगी। एक दिन मगर शाम को घर आया तो उसने मगरनी को कराहते पाया। पूछने पर मगरनी बोली "मुझे एक खतरनाक बीमारी हो गई है। वैद्यजी ने कहा हैं कि यह केवल बंदर का कलेजा खाने से ही ठीक होगी। तुम अपने उस मित्र बंदर का कलेजा ला दो।"

मगर सन्न रह गया। वह अपने मित्र को कैसे मार सकाता हैं? न-न, यह नहीं हो सकता। मगर को इनकार में सिर हिलाते देखकर मगरनी जोर से हाय-हाय करने लगी "तो फिर मैं मर जाऊंगी। तुम्हारी बला से और मेरे पेट में तुम्हारे बच्चे हैं। वे भी मरेंगे। हम सब मर जाएंगे। तुम अपने बंदर दोस्त के साथ खूब फल खाते रहना। हाय रे, मर गई... मैं मर गई।"

पत्नी की बात सुनकर मगर सिहर उठा। बीवी-बच्चों के मोह ने उसकी अक्ल पर पर्दा डाल दिया। वह अपने दोस्त से विश्वासघात करने, उसकी जान लेने चल पडा।

मगरमच्छ को सुबह-सुबह आते देखकर बंदर चकित हुआ। कारण पूछने पर मगर बोला "बंदर भाई, तुम्हारी भाभी बहुत नाराज हैं। कह रही हैं कि देवरजी रोज मेरे लिए रसीले फल भेजते हैं, पर कभी दर्शन नहीं दिए। सेवा का मौका नहीं दिया। आज तुम न आए तो देवर-भाभी का रिश्ता खत्म। तुम्हारी भाभी ने मुझे भी सुबह ही भगा दिया। अगर तुम्हें साथ न ले जा पाया तो वह मुझे भी घर में नहीं घुसने देगी।"

बंदर खुश भी हुआ और चकराया भी "मगर मैं आऊं कैसे? मित्र, तुम तो जानते हो कि मुझे तैरना नहें आता।" मगर बोला "उसकी चिन्ता मत करो, मेरी पीठ पर बैठो। मैं ले चलूंगा न तुम्हें।"

बंदर मगर की पीठ पर बैठ गया। कुच दूर नदी में जाने पर ही मगर पानी के अंदर गोता लगाने लगा। बंदर चिल्लाया "यह क्या कर रहे हो? मैं डूब जाऊंगा।"

मगर हंसा "तुम्हें तो मरना हैं ही।"

उसकी बात सुनकर बंदर का माथा ठनका, उसने पूछा "क्या मतलब?"

मगर ने बंदर को कलेजे वाली सारी बात बता दी। बंदर हक्का-बक्का रह गया। उसे अपने मित्र से ऐसी बेइमानी की आशा नहीं थी।

बंदर चतुर था। तुरंत अपने आप को संभालकर बोला "वाह, तुमने मुझे पहले क्यों नहीं बताया? मैं अपनी भाभी के लिए एक तो क्या सौकलेजे दे दूं। पर बात यह हैं कि मैं अपना कलेजा पेड पर ही छोड आया हूं। तुमने पहले ही सारी बात मुझे न बताकर बहुत गलती कर दी हैं। अब जल्दी से वापिस चलो ताकि हम पेड पर से कलेजा लेते चलें। देर हो गई तो भाभी मर जाएगी। फिर मैं अपने आपको कभी माफ नहीं कर पाऊंगा।"

अक्ल का मोटा मगरमच्छ उसकी बात सच मानकर बंदर को लेकर वापस लौट चला। जैसे ही वे पेड के पास पहुंचे, बंदर लपककर पेड की डाली पर चढ गया और बोला "मूर्ख, कभी कोई अपना कलेजा बाहर छोडता हैं? दूसरे का कलेजा लेने के लिए अपनी खोपडी में भी भेजा होना चाहिए। अब जा और अपनी दुष्ट बीवी के साथ बैठकर अपने कर्मों को रो।" ऐसा कहकर बंदर तो पेड की टहनियों में लुप्त हो गया और अक्ल का दुश्मन मगरमच्छ अपना माथा पीटता हुआ लौट गया।

सीखः 1. दूसरों को धोखा देने वाला स्वयं धोखा खा जाता हैं।

2. संकट के समय बुद्धि से काम लेना चाहिए।

21

पाठ : 21 बगुला भगत - पंचतन्त्र' कहानियां

• पाठ : 21 बगुला भगत - पंचतन्त्र' कहानियां

एक वन प्रदेश में एक बहुत बडा तालाब था। हर प्रकार के जीवों के लिए उसमें भोजन सामग्री होने के कारण वहां नाना प्रकार के जीव, पक्षी, मछलियां, कछुए और केकडे आदि वास करते थे। पास में ही बगुला रहता था, जिसे परिश्रम करना बिल्कुल अच्छा नहीं लगता था। उसकी आंखे भी कुछ कमजोर थीं। मछलियां पकडने के लिए तो मेहनत करनी पडती हैं, जो उसे खलती थी। इसलिए आलस्य के मारे वह प्रायः भूखा ही रहता। एक टांग पर खडा यही सोचता रहता कि क्या उपाय किया जाए कि बिना हाथ-पैर हिलाए रोज भोजन मिले। एक दिन उसे एक उपाय सूझा तो वह उसे आजमाने बैठ गया।

बगुला तालाब के किनारे खडा हो गया और लगा आंखों से आंसू बहाने। एक केकडे ने उसे आंसू बहाते देखा तो वह उसके निकट आया और पूछने लगा "मामा, क्या बात हैं भोजन के लिए मछलियों का शिकार करने की बजाय खडे आंसू बहा रहे हो?"

बगुले ने जोर की हिचकी ली और भर्राए गले से बोला "बेटे, बहुत कर लिया मछलियों का शिकार। अब मैं यह पाप कार्य और नहीं करुंगा। मेरी आत्मा जाग उठी हैं। इसलिए मैं निकट आई मछलियों को भी नहीं पकड रहा हूं। तुम तो देख ही रहे हो।"

केकडा बोला "मामा, शिकार नहीं करोगे, कुछ खाओगे नही तो मर नहीं जाओगे?"

बगुले ने एक और हिचकी ली "ऐसे जीवन का नष्ट होना ही अच्छा हैं बेटे, वैसे भी हम सबको जल्दी मरना ही हैं। मुझे ज्ञात हुआ हैं कि शीघ्र ही यहां बारह वर्ष लंबा सूखा पडेगा।"

बगुले ने केकडे को बताया कि यह बात उसे एक त्रिकालदर्शी महात्मा ने बताई हैं, जिसकी भविष्यवाणी कभी गलत नहीं होती। केकडे ने जाकर सबको बताया कि कैसे बगुले ने बलिदान व भक्ति का मार्ग अपना लिया हैं और सूखा पडने वाला हैं।

उस तालाब के सारे जीव मछलियां, कछुए, केकडे, बत्तखें व सारस आदि दौसे-दौडे बगुले के पास आए और बोले "भगत मामा, अब तुम ही हमें कोई बचाव का रास्ता बताओ। अपनी अक्ल लडाओ तुम तो महाज्ञानी बन ही गए ही गए हो।

बगुले ने कुछ सोचकर बताया कि वहां से कुछ कोस दूर एक जलाशय हैं जिसमें पहाडी झरना बहकर गिरता हैं। वह कभी नहीं सूखता। यदि जलाशय के सब जीव वहां चले जाएं तो बचाव हो सकता हैं। अब समस्या यह थी कि वहां तक जाया कैसे जाएं? बगुले भगत ने यह समस्या भी सुलझा दी "मैं तुम्हें एक-एक करके अपनी पीठ पर बिठाकर वहां तक पहुंचाऊंगा क्योंकि अब मेरा सारा शेष जीवन दूसरों की सेवा करने में गुजरेगा।"

सभी जीवों ने गद्-गद् होकर 'बगुला भगतजी की जै' के नारे लगाए।

अब बगुला भगत के पौ-बारह हो गई। वह रोज एक जीव को अपनी पीठ पर बिठाकर ले जाता और कुछ दूर ले जाकर एक चट्टान के पास जाकर उसे उस पर पटककर मार डालता और खा जाता। कभी मूड हुआ तो भगतजी दो फेरे भी लगाते और दो जीवों को चट कर जाते तालाब में जानवरों की संख्या घटने लगी। चट्टान के पास मरे जीवों की हड्डियों का ढेर बढने लगा और भगतजी की सेहत बनने लगी। खा-खाकर वह खूब मोटे हो गए। मुख पर लाली आ गई और पंख चर्बी के तेज से चमकने लगे। उन्हें देखकर दूसरे जीव कहते "देखो, दूसरों की सेवा का फल और पुण्य भगतजी के शरीर को लग रहा हैं।"

बगुला भगत मन ही मन खूब हंसता। वह सोचता कि देखो दुनिया में कैसे-कैसे मूर्ख जीव भरे पडे हैं, जो सबका विश्वास कर लेते हैं। ऐसे मूर्खों की दुनिया में थोडी चालाकी से काम लिया जाए तो मजे ही मजे हैं। बिना हाथ-पैर हिलाए खूब दावत उडाई जा सकती हैं संसार से मूर्ख प्राणी कम करने का मौका मिलता हैं बैठे-बिठाए पेट भरने का जुगाड हो जाए तो सोचने का बहुत समय मिल जाता हैं।

बहुत दिन यही क्रम चला। एक दिन केकडे ने बगुले से कहा "मामा, तुमने इतने सारे जानवर यहां से वहां पहुंचा दिए, लेकिन मेरी बारी अभी तक नहीं आई।"

भगतजी बोले "बेटा, आज तेरा ही नंबर लगाते हैं, आजा मेरी पीठ पर बैठ जा।"

केकेडा खुश होकर बगुले की पीठ पर बैठ गया। जब वह चट्टान के निकट पहुंचा तो वहां हड्डियों का पहाड देखकर केकडे का माथा ठनका। वह हकलाया "यह हड्डियों का ढेर कैसा हैं? वह जलाशय कितनी दूर हैं, मामा?"

बगुला भगत ठां-ठां करके खुब हंसा और बोला "मूर्ख, वहां कोई जलाशय नहीं हैं। मैं एक-एक को पीठ पर बिठाकर यहां लाकर खाता रहता हूं। आज तु मरेगा।"

केकडा सारी बात समझ गया। वह सिहर उठा परन्तु उसने हिम्मत न हारी और तुरंत अपने जंबूर जैसे पंजो को आगे बढाकर उनसे दुष्ट बगुले की गर्दन दबा दी और तब तक दबाए रखी, जब तक उसके प्राण पखेरु न उड गए।

फिर केकेडा बगुले भगत का कटा सिर लेकर तालाब पर लौटा और सारे जीवों को सच्चाई बता दी कि कैसे दुष्ट बगुला भगत उन्हें धोखा देता रहा।

सीखः 1. दूसरो की बातों पर आंखे मूंदकर विश्वास नहीं करना चाहिए।
2. मुसीबत में धीरज व बुद्धिमानी से कार्य करना चाहिए।

22

पाठ : 22 बडे नाम का चमत्कार - पंचतन्त्र' कहानियां

• पाठ : 22 बडे नाम का चमत्कार - पंचतन्त्र' कहानियां

एक समय की बात है एक वन में हाथियों का एक झुंड रहता था। उस झुंड का सरदार चतुर्दंत नामक एक विशाल, पराक्रमी, गंभीर व समझदार हाथी था। सब उसी की छत्र-छाया में शुख से रहते थे। वह सबकी समस्याएं सुनता। उनका हल निकालता, छोटे-बडे सबका बराबर ख्याल रखता था। एक बार उस क्षेत्र में भयंकर सूखा पडा। वर्षों पानी नहीं बरसा। सारे ताल-तलैया सूखने लगे। पेड-पौधे कुम्हला गए धरती फट गई, चारों और हाहाकार मच गई। हर प्राणी बूंद-बूंद के लिए तरसता गया। हाथियों ने अपने सरदार से कहा "सरदार, कोई उपाय सोचिए। हम सब प्यासे मर रहे हैं। हमारे बच्चे तडप रहे हैं।"

चतुर्दंत पहले ही सारी समस्या जानता था। सबके दुख समझता था पर उसकी समझ में नहीं आ रहा था कि क्या उपाय करे। सोचते-सोचते उसे बचपन की एक बात याद आई और चतुर्दंत ने कहा "मुझे ऐसा याद आता हैं कि मेरे दादाजी कहते थे, यहां से पूर्व दिशा में एक ताल हैं, जो भूमिगत जल से जुडे होने के कारण कभी नहीं सूखता। हमें वहां चलना चाहिए।" सभी को आशा की किरण नजर आई।

हाथियों का झुंड चतुर्दंत द्वारा बताई गई दिशा की ओर चल पडा। बिना पानी के दिन की गर्मी में सफर करना कठिन था, अतः हाथी रात को सफर करते। पांच रात्रि के बाद वे उस अनोखे ताल तक पहुंच गए। सचमुच ताल पानी से भरा था सारे हातियों ने खूब पानी पिया जी भरकर ताल में नहाए व डुबकियां लगाईं।

उसी क्षेत्र में खरगोशों की घनी आबादी थी। उनकी शामत आ गई। सैकड़ों खरगोश हाथियों के पैरों-तले कुचले गए। उनके बिल रौंदे गए। उनमें हाहाकार मच गया। बचे-कुचे खरगोशों ने एक आपातकालीन सभा की। एक खरगोश बोला "हमें यहां से भागना चाहिए।"

एक तेज स्वभाव वाला खरगोश भागने के हक में नहीं था। उसने कहा "हमें अक्ल से काम लेना चाहिए। हाथी अंधविश्वासी होते हैं। हम उन्हें कहेंगे कि हम चंद्रवंशी हैं। तुम्हारे द्वारा किए खरगोश संहार से हमारे देव चंद्रमा रुष्ट हैं। यदि तुम यहां से नहीं गए तो चंद्रदेव तुम्हें विनाश का श्राप देंगे।"

एक अन्य खरगोश ने उसका समर्थन किया "चतुर ठीक कहता हैं। उसकी बात हमें माननी चाहिए। लंबकर्ण खरगोश को हम अपना दूत बनाकर चतुर्दंत के पास भेंजेगे।" इस प्रस्ताव पर सब सहमत हो गए। लंबकर्ण एक बहुत चतुर खरगोश था। सारे खरगोश समाज में उसकी चतुराई की धाक थी। बातें बनाना भी उसे खूब आता था। बात से बात निकालते जाने में उसका जवाब नहीं था। जब खरगोशों ने उसे दूत बनकर जाने के लिए कहा तो वह तुरंत तैयार हो गया। खरगोशों पर आए संकट को दूर करके उसे प्रसन्नता ही होगी। लंबकर्ण खरगोश चतुर्दंत के पास पहुंचा और दूर से ही एक चट्टान पर चढकर बोला "गजनायक चतुर्दंत, मैं लंबकर्ण चन्द्रमा का दूत उनका संदेश लेकर आया हूं। चन्द्रमा हमारे स्वामी हैं।"

चतुर्दंत ने पूछा " भई, क्या संदेश लाए हो तुम ?"

लंबकर्ण बोला "तुमने खरगोश समाज को बहुत हानि पहुंचाई हैं। चन्द्रदेव तुमसे बहुत रुष्ट हैं। इससे पहले कि वह तुम्हें श्राप देदें, तुम यहां से अपना झुंड लेकर चले जाओ।"

चतुर्दंत को विश्वास न हुआ। उसने कहा "चंद्रदेव कहां हैं? मैं खुद उनके दर्शन करना चाहता हूं।"

लंबकर्ण बोला "उचित हैं। चंद्रदेव असंख्य मृत खरगोशों को श्रद्धांजलि देने स्वयं ताल में पधारकर बैठे हैं, आईए, उनसे साक्षात्कार कीजिए और स्वयं देख लीजिए कि वे कितने रुष्ट हैं।" चालाक लंबकर्ण चतुर्दंत को रात में ताल पर ले आया। उस रात पूर्णमासी थी। ताल में पूर्ण चंद्रमा का बिम्ब ऐसे पड रहा था जैसे शीशे में प्रतिबिम्ब दिखाई पडता हैं। चतुर्दंत घबरा गया चालाक खरगोश हाथी की घबराहट ताड गया और विश्वास के साथ बोला "गजनायक, जरा नजदीक से चंद्रदेव का साक्षात्कार करें तो आपको पता लगेगा कि आपके झुंड के इधर आने से हम खरगोशों पर क्या बीती हैं। अपने भक्तों का दुख देखकर हमारे चंद्रदेवजी के दिल पर क्या गुजर रही है।"

लंबकर्ण की बातों का गजराज पर जादू-सा असर हुआ। चतुर्दंत डरते-डरते पानी के निकट गया और सूंड चद्रमा के प्रतिबिम्ब के निकट ले जाकर जांच करने लगा। सूंड पानी के निकट पहुंचने पर सूंड से निकली हवा से पानी में हलचल हुई और चद्रमा ला प्रतिबिम्ब कई भागों में बंट गया और विकृत हो गया। यह देखते ही चतुर्दंत के होश उड गए। वह हडबडाकर कई कदम पीछे हट गया। लंबकर्ण तो इसी बात की ताक में था। वह चीखा "देखा, आपको देखते ही चंद्रदेव कितने रुष्ट हो गए! वह क्रोध से कांप रहे हैं और गुस्से से फट रहे हैं। आप अपनी

खैर चाहते हैं तो अपने झुंड के समेत यहां से शीघ्रातिशीघ्र प्रस्थान करें वर्ना चंद्रदेव पता नहीं क्या श्राप देदें।"

चतुर्दंत तुरंत अपने झुंड के पास लौट गया और सबको सलाह दी कि उनका यहां से तुरंत प्रस्थान करना ही उचित होगा। अपने सरदार के आदेश को मानकर हाथियों का झुंड लौट गया। खरगोशों में खुशी की लहर दौड गई। हाथियों के जाने के कुछ ही दिन पश्चात आकाश में बादल आए, वर्षा हुई और सारा जल संकट समाप्त हो गया। हाथियों को फिर कभी उस ओर आने की जरूरत ही नहीं पडी।

सीखः चतुराई से शारीरिक रुप से बलशाली शत्रु को भी मात दी जा सकती हैं।

23

पाठ : 23 बहरुपिया गधा - पंचतन्त्र' कहानियां

एक नगर में धोबी था। उसके पास एक गधा था, जिस पर वह कपडे लादकर नदी तट पर ले जाता और धुले कपडे लादकर लौटता। धोबी का परिवार बडा था। सारी कमाई आटे-दाल व चावल में खप जाती। गधे के लिए चार खरीदने के लिए कुछ न बचता। गांव की चरागाह पर गाय-भैंसें चरती। अगर गधा उधर जाता तो चरवाहे डंडों से पीटकर उसे भगा देते। ठीक से चारा न मिलने के कारण गधा बहुत दुर्बल होने लगा। धोबी को भी चिन्ता होने लगी, क्योंकि कमजोरी के कारण उसकी चाल इतनी धीमी हो गई थी कि नदी तक पहुंचने में पहले से दुगना समय लगने लगा था।

एक दिन नदी किनारे जब धोबी ने कपडे सूखने के लिए बिछा रखे थे तो आंधी आई। कपडे इधर-उधर हवा में उड गए। आंधी थमने पर उसे दूर-दूर तक जाकर कपडे उठाकर लाने पडे। अपने कपडे ढूंढता हुआ वह सरकंडो के बीच घुसा। सरकंडो के बीच उसे एक मरा बाघ नजर आया।

धोबी कपडे लेकर लौटा और गट्ठर बन्धे पर लादने लगा गधा लडखडाया। धोबी ने देखा कि उसका गधा इतना कमजोर हो गया हैं कि एक दो दिन बाद बिल्कुल ही बैठ जाएगा। तभी धोबी को एक उपाय सूझा। वह सोचने लगा "अगर मैं उस बाघ की खाल उतारकर ले आऊं और रात को इस गधे को वह खाल ओढाकर खेतों की ओर भेजूं तो लोग इसे बाघ समझकर डरेंगे। कोई निकट नहीं फटकेगा। गधा खेत चर लिया करेगा।"

धोबी ने ऐसा ही किया। दूसरे दिन नदी तट पर कपडे जल्दी धोकर सूखने डाल दिए और फिर वह सरकंडो के बीच जाकर बाघ की खाल उतारने लगा। शाम को लौटते समय वह खाल को कपडों के बीच छिपाकर घर ले आया।

रात को जब सब सो गए तो उसने बाघ की खाल गधे को ओढाई। गधा दूर से देखने पर बाघ जैसा ही नजर आने लगा। धोबी संतुष्ट हुआ। फिर उसने गधे को खेतों की ओर खदेड दिया। गधे ने एक खेत में जाकर फसल खाना शुरु किया। रात को खेतों की रखवाली करने वालों ने खेत में बाघ देखा तो वे डरकर भाग खडे हुए। गधे ने भरपेट फसल खाई और रात अंधेरे में ही घर लौट आया। धोबी ने तुरंत खाल उतारकर छिपा ली। अब गधे के मजे आ गए।

हर रात धोबी उसे खाल ओढाकर छोड देता। गधा सीधे खेतों में पहुंच जाता और मनपसन्द फसल खाने लगता। गधे को बाघ समझकर सब अपने घरों में दुबककर बैठे रहते। फसलें चर-चरकर गधा मोटा होने लगा। अब वह दुगना भार लेकर चलता। धोबी भी खुश हो गया।

मोटा-ताजा होने के साथ-साथ गधे के दिल का भय भी मिटने लगाउसका जन्मजात स्वभाव जोर मारने लगा। एक दिन भरपेट खाने के बाद गधे की तबीयत मस्त होने लगी। वह भी लगा लोट लगाने। खूब लोटा वह गधा। बाघ की खाल तो एक ओर गिर गई। वह अब खालिस गधा बनकर उठ खडा हुआ और डोलता हुआ खेतह् से बाहर निकला। गधे के लोट लगाने के समय पौधों के रौंदे जाने और चटकने की आवाज फैली। एक रखवाला चुपचाप बाहर निकला। खेत में झांका तो उसे एक ओर गिरी बाघ की खाल नजर आई और दिखाई दिया खेत से बाहर आता एक गधा। वह चिल्लाया "अरे, यह तो गधा हैं।"

उसकी आवाज औरों ने भी सुनी। सब डंसे लेकर दौसे। गधे का कार्यक्रम खेत से बाहर आकर रेंकने का था। उसने मुंह खोला ही था कि उस पर डंडे बरसने लगे। क्रोध से भरे रखवालों ने उसे वहीं ढेर कर दिया। उसकी सारी पोल खुल चुकी थी। धोबी को भी वह नगर छोडकर कहीं और जाना पडा।

सीखः पहनावा बदलकर दूसरों को कुछ ही दिन धोखा दिया जा सकता हैं। अंत में असली रुप सामने आ ही जाता हैं।

24

पाठ : 24 बिल्ली का न्याय
- पंचतन्त्र' कहानियां

• पाठ : 24 बिल्ली का न्याय - पंचतन्त्र' कहानियां

एक वन में एक पेड की खोह में एक चकोर रहता था। उसी पेड के आस-पास कई पेड और थे, जिन पर फल व बीज उगते थे। उन फलों और बीजों से पेट भरकर चकोर मस्त पडा रहता। इसी प्रकार कई वर्ष बीत गए। एक दिन उडते-उडते एक और चकोर सांस लेने के लिए उस पेड की टहनी पर बैठा। दोनों में बातें हुईं। दूसरे चकोर को यह जानकर आश्चर्य हुआ कि वह केवल वह केवल पेडों के फल व बीज चुगकर जीवन गुजार रहा था। दूसरे ने उसे बताया- "भई, दुनिया में खाने के लिए केवल फल और बीज ही नहीं होते और भी कई स्वादिष्ट चीजें हैं। उन्हें भी खाना चाहिए। खेतों में उगने वाले अनाज तो बेजोड होते हैं। कभी अपने खाने का स्वाद बदलकर तो देखो।"

दूसरे चकोर के उडने के बाद वह चकोर सोच में पड गया। उसने फैसला किया कि कल ही वह दूर नजर आने वाले खेतों की ओर जाएगा और उस अनाज नाम की चीज का स्वाद चखकर देखेग।

दूसरे दिन चकोर उडकर एक खेत के पास उतरा। खेत में धान की फसल उगी थी। चकोर ने कोंपलें खाई। उसे वह अति स्वादिष्ट लगीं। उस दिन के भोजन में उसे इतना आनंद आया कि खाकर तृप्त होकर वहीं आखें मूंदकर सो गया। इसके बाद भी वह वहीं पडा रहा। रोज खाता-पीता और सो जाता। छः – सात दिन बाद उसे सुध आई कि घर लौटना चाहिए।

इस बीच एक खरगोश घर की तलाश में घूम रहा था। उस इलाके में जमीन के नीचे पानी भरने के कारण उसका बिल नष्ट हो गया था। वह उसी चकोर वाले पेड के पास आया और उसे खाली पाकर उसने उस पर अधिकार जमा लिया और वहां रहने लगा। जब चकोर वापस लौटा तो उसने पाया कि उसके घर पर तो किसी और का कब्जा हो गया हैं। चकोर क्रोधित

होकर बोला – "ऐ भाई, तू कौन हैं और मेरे घर में क्या कर रहा हैं?"

खरगोश ने दांत दिखाकर कहा – "मैं इस घर का मालिक हूं। मैं सात दिन से यहां रह रहा हूं, यह घर मेरा हैं।"

चकोर गुस्से से फट पडा – "सात दिन! भाई, मैं इस खोह में कई वर्षों से रह रहा हूं। किसी भी आस-पास के पंछी या चौपाए से पूछ ले।"

खरगोश चकोर की बातह् काटता हुआ बोला- "सीधी-सी बात हैं। मैं यहां आया। यह खोह खाली पडी थी और मैं यहां बस गय मैं क्यों अब पडोसियों से पूछता फिरुं?"

चकोर गुस्से में बोला- "वाह! कोई घर खाली मिले तो इसका यह मतलब हुआ कि उसमें कोई नहीं रहता? मैं आखिरी बार कह रहा हूं कि शराफत से मेरा घर खाली कर दे वर्ना...।"

खरगोश ने भी उसे ललकारा- "वर्ना तू क्या कर लेगा? यह घर मेरा हैं। तुझे जो करना हैं, कर ले।"

चकोर सहम गया। वह मदद और न्याय की फरीयाद लेकर पडोसी जानवरों के पास गया सबने दिखावे की हूं-हूं की, परन्तु ठोस रुप से कोई सहायता करने सामने नहीं आया।

एक बूढे पडोसी ने कहा – "ज्यादा झगडा बढाना ठीक नहीं होगा। तुम दोनों आपस में कोई समझौता कर लो।" पर समझौते की कोई सूरत नजर नहीं आ रही थी, क्योंकि खरगोश किसी शर्त पर खोह छोडने को तैयार नहीं था। अंत में लोमडी ने उन्हें सलाह दी – "तुम दोनों किसी ज्ञानी-ध्यानी को पंच बनाकर अपने झगडे का फैसला उससे करवाओ।"

दोनों को यह सुझाव पसंद आया। अब दोनों पंच की तलाश में इधर-उधर घूमने लगे। इसी प्रकार घूमते-घूमते वे दोनों एक दिन गंगा किनारे आ निकले। वहां उन्हें जप तप में मग्न एक बिल्ली नजर आई। बिल्ली के माथे पर तिलक था। गले में जनेऊ और हाथ में माला लिए मृगछाल पर बैठी वह पूरी तपस्विनी लग रही ती। उसे देखकर चकोर व खरगोश खुशी से उछल पडे। उन्हें भला इससे अच्छा ज्ञानी-ध्यानी कहां मिलेगा। खरगोश ने कहा – "चकोर जी, क्यों न हम इससे अपने झगडे का फैसला करवाएं?"

चकोर पर भी बिल्ली का अच्छा प्रभाव पडा था। पर वह जरा घबराया हुआ था। चकोर बोला -"मुझे कोई आपत्ति नही है पर हमें जरा सावधान रहना चाहिए।" खरगोश पर तो बिल्ली का जादू चल गया था। उसने कहा-"अरे नहीं! देखते नहीं हो, यह बिल्ली सांसारिक मोह-माया त्यागकर तपस्विनी बन गई हैं।"

सच्चाई तो यह थी कि बिल्ली उन जैसे मूर्ख जीवों को फांसने के लिए ही भक्ति का नाटक कर रही थी। फिर चकोर और खरगोश पर और प्रभाव डालने के लिए वह जोर-जोर से मंत्र पडने लगी। खरगोश और चकोर ने उसके निकट आकर हाथ जोडकर जयकारा लगाया -"जय माता दी। माता को प्रणाम।"

बिल्ली ने मुस्कुराते हुए धीरे से अपनी आंखे खोली और आर्शीवाद दिया -"आयुष्मान भव, तुम दोनों के चहरों पर चिंता की लकेरें हैं। क्या कष्ट हैं तुम्हें, बच्चो?"

चकोर ने विनती की -"माता हम दोनों के बीच एक झगडा हैं। हम चाहते हैं कि आप उसका फैसला करें।"

बिल्ली ने पलकें झपकाईं -"हरे राम, हरे राम! तुम्हें झगडना नहीं चाहिए। प्रेम और शांति से रहो।" उसने उपदेश दिया और बोली -"खैर, बताओ, तुम्हारा झगडा क्या है?"

चकोर ने मामला बताया। खरगोश ने अपनी बात कहने के लिए मुंह खोला ही था कि बिल्ली ने पंजा उठाकर रोका और बोली "बच्चो, मैं काफी बूढी हूं ठीक से सुनाई नहीं देता। आंखे भी कमजोर हैं इसलिए तुम दोनों मेरे निकट आकर मेरे कान में जोर से अपनी-अपनी बात कहो ताकि मैं झगडे का कारण जान सकूं और तुम दोनों को न्याय दे सकूं। जय सियाराम।"

वे दोनों भगतिन बिल्ली के बिलकुल निकट आ गए ताकि उसके कानों में अपनी-अपनी बात कह सकें। बिल्ली को इसी अवसर की तलाश थी उसने 'म्याऊं' की आवाज लगाई और एक ही झपट्टे में खरगोश और चकोर का काम तमाम कर दिया। फिर वह आराम से उन्हें खाने लगी।

वे दोनों भगतिन बिल्ली के बिलकुल निकट आ गए ताकि उसके कानों में अपनी-अपनी बात कह सकें। बिल्ली को इसी अवसर की तलाश थी उसने 'म्याऊं' की आवाज लगाई और एक ही झपट्टे में खरगोश और चकोर का काम तमाम कर दिया। फिर वह आराम से उन्हें खाने लगी।

सीखः दो के झगडे में तीसरे का ही फायदा होता हैं, इसलिए झगडों से दूर रहो।

25

पाठ : 25 बुद्दिधमान सियार - पंचतन्त्र' कहानियां

- पाठ : 25 बुद्दिधमान सियार - पंचतन्त्र' कहानियां

एक समय की बात हैं कि जंगल में एक शेर के पैर में कांटा चुभ गया। पंजे में जख्म हो गया और शेर के लिए दौड़ना असंभव हो गया। वह लंगड़ाकर मुश्किल से चलता। शेर के लिए तो शिकार न करने के लिए दौड़ना जरुरी होता है। इसलिए वह कई दिन कोई शिकार न कर पाया और भूखों मरने लगा। कहते हैं कि शेर मरा हुआ जानवर नहीं खाता, परन्तु मजबूरी में सब कुछ करना पड़ता हैं। लंगड़ा शेर किसी घायल अथवा मरे हुए जानवर की तलाश में जंगल में भटकने लगा। यहां भी किस्मत ने उसका साथ नहीं दिया। कहीं कुछ हाथ नहीं लगा।

धीरे-धीरे पैर घसीटता हुआ वह एक गुफा के पास आ पहुंचा। गुफा गहरी और संकरी थी, ठीक वैसी जैसे जंगली जानवरों के मांद के रुप में काम आती हैं। उसने उसके अंदर झांका मांद खाली थी पर चारो ओर उसे इस बात के प्रमाण नजर आए कि उसमें जानवर का बसेरा हैं। उस समय वह जानवर शायद भोजन की तलाश में बाहर गया हुआ था। शेर चुपचाप दुबककर बैठ गया ताकि उसमें रहने वाला जानवर लौट आए तो वह दबोच ले।

सचमुच उस गुफा में सियार रहता था, जो दिन को बाहर घूमता रहता और रात को लौट आता था। उस दिन भी सूरज डूबने के बाद वह लौट आया। सियार काफी चालाक था। हर समय चौकन्ना रहता था। उसने अपनी गुफा के बाहर किसी बड़े जानवर के पैरों के निशान देखे तो चौंका उसे शक हुआ कि कोई शिकारी जीव मांद में उसके शिकार की आस में घात लगाए न बठा हो। उसने अपने शक की पुष्टि के लिए सोच विचार कर एक चाल चली। गुफा के मुहाने से दूर जाकर उसने आवाज दी "गुफा! ओ गुफा।"

गुफा में चुप्पी छायी रही उसने फिर पुकारा "अरी ओ गुफा, तु बोलती क्यों नहीं?"

भीतर शेर दम साधे बैठा था। भूख के मारे पेट कुलबुला रहा था। उसे यही इंतजार था कि कब सियार अंदर आए और वह उसे पेट में पहुंचाए। इसलिए वह उतावला भी हो रहा था। सियार एक बार फिर जोर से बोला "ओ गुफा! रोज तु मेरी पुकार का के जवाब में मुझे अंदर बुलाती हैं। आज चुप क्यों हैं? मैंने पहले ही कह रखा हैं कि जिस दिन तु मुझे नहीं बुलाएगी, उस दिन मैं किसी दूसरी गुफा में चला जाऊंगा। अच्छा तो मैं चला।"

यह सुनकर शेर हडबडा गया। उसने सोचा शायद गुफा सचमुच सियार को अंदर बुलाती होगी। यह सोचकर कि कहीं सियार सचमुच न चला जाए, उसने अपनी आवाज बदलकर कहा "सियार राजा, मत जाओ अंदर आओ न। मैं कब से तुम्हारी राह देख रही थी।"

सियार शेर की आवाज पहचान गया और उसकी मूर्खता पर हंसता हुआ वहां से चला गया और फिर लौटकर नहीं आया। मूर्ख शेर उसी गुफा में भूखा-प्यासा मर गया।

सीखः सतर्क व्यक्ति जीवन में कभी मार नहीं खाता।